"十二五"国家重点图书出版规划项目

会计经典

账户的哲学

The Philosophy of Accounts

[美] C·E·斯普拉格 著

许家林 刘 霞 译

图书在版编目(CIP)数据

账户的哲学/(美)斯普拉格著;许家林,刘霞译.
—上海:立信会计出版社,2014.6
(会计经典)
ISBN 978-7-5429-4052-0

Ⅰ.①账… Ⅱ.①斯… ②许… ③刘… Ⅲ.①会计科目 Ⅳ.①F231.2

中国版本图书馆 CIP 数据核字(2014)第 097125 号

策划编辑	黄成艮
责任编辑	黄成艮
封面设计	陈 楠

账户的哲学

出版发行	立信会计出版社			
地　　址	上海市中山西路 2230 号	邮政编码	200235	
电　　话	(021)64411389	传　真	(021)64411325	
网　　址	www.lixinaph.com	电子邮箱	lxaph@sh163.net	
网上书店	www.shlx.net	电　话	(021)64411071	
经　　销	各地新华书店			

印　　刷	上海中华印刷有限公司
开　　本	670 毫米×965 毫米　1/16
印　　张	13　　　　　　　　插　页　4
字　　数	112 千字
版　　次	2014 年 6 月第 1 版
印　　次	2014 年 6 月第 1 次
印　　数	1—3100
书　　号	ISBN 978-7-5429-4052-0/F
定　　价	59.00 元

如有印订差错,请与本社联系调换

会计经典编辑指导委员会

指导委员会

主任委员　葛家澍　郭道扬
委　　员　(以姓氏笔画为序)
　　　　　于玉林　王庆成　王松年　成圣树
　　　　　吴水澎　汤云为　张文贤　张以宽
　　　　　杨宗昌　徐政旦　盖　地　傅　磊
　　　　　常　勋　裘宗舜

编辑委员会

主任委员　邵瑞庆
委　　员　(以姓氏笔画为序)
　　　　　李颖琦　邵　军　张维宾　曹惠民

前　言

对教授簿记技术的讨论并不包括在本书当中，这项技能只有通过实务才能获得，即或者通过在会计室记录真实的交易，或者是通过在学校或许多优秀业务规程指导下的模拟实训中获得。但是迄今为止，在一个确定的、简单的系统中并不能满足一个人的查询意图，在某个合适阶段，他会希望了解所有系统的科学基础："为什么"以及"如何"。当这个主题被搬上学院或大学的舞台，会计科学将被适当展示，同时在所有技术方面将被进行彻底的研究。

作为数学和科学分类的一个分支，会计原理可能决定于先验的论证，而不是建立在围绕这门技术的习惯和传统的基础上。我致力于提出这些简单普通的原则，不是诉诸假想模式的阐述，而是尽量地坚持一些基本的和推导的等式。

我希望我的工作对职业公共会计师在训练他们的助手时有所帮助，即使是一个常规事件，让那些了解理论和原理的人来做才能做得更好。对没有簿记实践经验的商业经理人来说，或许我可以给他们提供一些应用的方法，或许可以指出怎样才可以让他们办事更加高效。

  我曾经打算通过增加已有的关于一般会计的二十一章内容来扩充这本书，运用各种建议来处理包含会计主要形式的业务。我发现无论怎样，如果用几位作者的成本会计和我的著作《投资会计》的深度来训练对每种账户进行记录，都会达到广泛的效果。因此，我对附录包含一些基本会计方面的专论比较满意。

  作为三十多年在各个阶层会计处理服务和六年来在纽约大学商业会计金融学院主修课程的成果，我认为本书值得并将受到严格的详细审阅。

C·E·斯普拉格

1907年9月于纽约

目 录

第一章　会计本质 …………………………………… 1
第二章　账户格式 …………………………………… 6
第三章　账户结构 …………………………………… 10
第四章　交　易 ……………………………………… 21
第五章　资产负债表 ………………………………… 31
第六章　资产的分类 ………………………………… 48
第七章　负债的分类 ………………………………… 53
第八章　所有者权益 ………………………………… 57
第九章　抵销和附加 ………………………………… 63
第十章　无力偿还 …………………………………… 67
第十一章　会计分期 ………………………………… 69
第十二章　经济账户 ………………………………… 72
第十三章　经济摘要 ………………………………… 85
第十四章　试算平衡 ………………………………… 96
第十五章　日记账 …………………………………… 102
第十六章　过账媒介 ………………………………… 115

第十七章　原始凭单的过账 …………………………… 124

第十八章　分类账 ……………………………………… 129

第十九章　错误的预防措施 …………………………… 138

第二十章　错误的查找 ………………………………… 152

第二十一章　遗产会计 ………………………………… 163

专论 A　现金账户 ……………………………………… 172

专论 B　商品账户 ……………………………………… 187

第一章 会计本质

会计是什么—会计定义的价值—增加和减少—非正式会计—总括的介绍

1. "会计"一词,从它最宽泛的意义上讲,并不仅仅是一个叙述或是一个事实情况,而是有条理或有序的事物。由道听途说而来的不切题的故事不是会计,因为它并无条理可言,但只有条理性并不足够,会计必须指出某些结论。会计,区别于单纯的描述,目的是得出某种结论,证明或推翻某种观点,会计的各个部分即组成它的事实,必须影响这种结论,要么支持它,要么反对它。因此,这些会计的事实或要素,可能是全部的一种趋势,也可能是对其他而言相反的趋势。

2. 但是我们努力从中发现作为原理的会计只是其中一种,最初的一种是给其他所有种类命名,即价值会计或是财务会计,我们可以概括上述要求,作为定义采纳。

会计是对导出一个结论的相同或相反倾向的财务事项的系统说明。

3. 增加或减少是财务事项的两个相反的倾向。会计必须以它的形式提供对这些倾向的辨别,区分增加和减少,积极和消极,＋和一。

4. 会计的一个原始而又合理有效的形式是在每个分录之后的结论处只留有一行数字,增加或减少的区别在一边就显示出来了。

因此,假如我要求设置一个特定的银行存款账户,得出的结论应是我在银行有多少存款。增加的数字是存款,减少的数字是取款。如果我存了 2 000 美元,又存了 500 美元,又连续支取了 300 美元和 600 美元,然后又存进 1 000 美元,账户结构如下(参见表 1):

表 1

存入	$2 000
存入	$ 500
	$2 500
支取	$ 300
	$2 200
支取	$ 600
	$1 600
存入	$1 000
	$2 600

5. 这是一个确定的账户,它说明的结果就是银行存款为

2 600美元。它不是账户的通常形式,不是最有效的,并且缺乏细节,但与账户的本质一致,不仅得出结论而且表示了它。

6. 表2和表3详细地提供了更多的信息,但保持了简单的形式。

7. 这里我们给出了交易的许多细节,用来识别它们以及使我们证明它们的必要性,因此提供信息和保护。每笔交易都有数据和账户,我们可以画出包含那些细节的垂直线。这也是依据表格的原理,即对任何一系列按规律发生的相关事实分在同一栏。

8. 这种无经验的非传统的方法,实质上被许多货物簿记者用支票存根背书以保持银行存款的增减平衡。奇怪的是这些簿记者和一些优秀的会计都害怕看到没有在顶部用"借"、"贷"表示的分类账户,而是副本用"进"、"出"作为每列的前置词,使人怀疑强调左边就是左边的事实。他们辩称这种存根账户很简易,不是账户却便于操作,但仍不是一个令人满意的处理问题方法。

无论如何,我们必须强调以上给出的描述实质上是账户。

9. 表格式或栏式的原理可能适用于提供两列货币来代替一列的账户,增加的一列列示了减少的分录。

我们不需要在这几个分录上标上"存款"、"支票";将它们列在正确的一栏将会更简洁地说明,甚至在更大范围内的例子中,我们更有优势确定这些问题的答案:

表 2 我在第一国立银行的账户

1906年			
1月	2日	用 William Jones 支付的支票开立我的账户	$ 2 000
	7日	取得卖牛现金存入	$ 500
		银行存款	$ 2 500
2月	1日	用一号支票支付 John Smith 的利息,即6个月利息6%的10 000 美元的抵押利息	$ 300
		银行存款	$ 2 200
	4日	用二号支票作为借款给 Peter Menken	$ 600
		银行存款	$ 1 600
	24日	存入 William Jones 的支票	$ 1 000
		银行存款	$ 2 600

表 3 第一国家银行(与我的账务往来)

日 期			存 款	支 票
1906年				
1月	2日		$2 000	
	7日		500	
2月	1日			$ 30
	4日			600
	21日		1 000	

存款总额是多少?

总取款额是多少?

这些是十分有用的信息,在重要性方面仅次于主要结论。

什么是平衡?

10. 因此，这个将消极因素与积极因素分离开并将每项分别加总的习惯确是聪明的。在这方面也会有偶然的例外，因此一些事情从那些偶然的方面获得也是可能的。

根据已有理解，这两种趋势应分别对待，接下来我们要考虑账户的格式。

第二章　账户格式

排列原理—标准格式—日记账格式—三栏余额式—金额栏相连式

11. 现在我们要考虑符合会计目标的最优空间组合，以便于需要时进行汇总消极因素和积极因素分开记录。

12. 需要下列这样的信息：作为一笔交易需要了解其价值、数量、时间、发生事由以及交易对象。假设我们目前提供一种同类或趋势，很明显，用数字再现相关数量应当不受解释它们的环境牵连，没有比把数字放在垂直一栏中更好的办法来显示这些数据。因为它们是在一栏中多次具体演算的结果，它们遵守文本的规则是合适的，而且这也让现金栏在文本的右方。

13. 交易发生的日期是我们找寻信息时的识别线索，为了迅速地浏览一个又一个日期，需要有一个不受牵连的空间,这个空间应当既不会妨碍又不会混淆其他解释性的事件;因此将日期栏放在左边比较便利。

剩余的解释文本会占用中心空间并很少需要细分。它的各个细节、对象、事由和数量无论如何都需要按照统一的、不变的顺序以便于参考(参见表4)。

表4

日期	明细		$	c
时间	数量	对象	价格	

14. 这是一个适合所有同类或同趋势事例的框架;我们仅仅为那些相反的趋势提供这个框架。这样做最明显的就是通过再现或复制上面表格的全部。从前被记录在两页上,而现在记录在一页上已是更便利的一种惯例了(参见表5)。

表5 标准账户形式

日期		$	日期		$
		a			a

金额栏左面用"a"标志的狭窄栏是为了达到通过一种简捷的方法来揭示会计分录确切来源的目的。

15. 这种标准或传统的账户似乎在每一套书中都得到运用。无论如何，没有法律要求使用它，当它偏离从其他方面获得信息的时候也没有损失。

16. 有一种标准形式的格式是我们应当关注的，在两边有分离的日期栏，但它并不是描述所有交易时间序列的格式。如果需要，可以通过在表 4 的格式中增加一列金额栏，得到将日期和明细两栏组合，仅分离出数量栏。根据账簿的名称，这经常被称作日记账形式（参见表 6）。

表 6　日记账式

日期以时间为顺序				$		$	

17. 将这种格式变动，得出一个在其他两栏之外可以录入金额或结果的第三栏，就像表 7 所示的"c"栏（参见表 7）。

表7　三栏余额式

		$		$		$
		a		b		c

18. 上面这些都是重要的变形,但是很少有变形是因为某些企业的需要而发生的。例如,如果非常需要比较两边数字的符合度,标准格式可以改变,而将两个金额栏放在一起(参见表8)。

表8　金额栏相连式

日期	$	$	日期

19. 账户格式的设置是为了便利地办事,而不是为了权威性的惯例。而惯例也不应毫无缘由地偏离,这样在效用方面就没有所谓的优越性了。

第三章 账户结构

以现金账户为例—每边的含义—范例—结果—没有负面数量的现金账户等式—负债账户—"我"的账户

20. 现在我们给出一个账户框架或模型以包容它的内容,接下来我们要考虑框架的构成要素以及如何排列构成要素。

21. 账户最初是最简单的表现一些财富和财产的形式,而我们选择货币作为计量标准也是因为货币是衡量财富的最简单的形式。在意大利语中含义为"盒子"的词,像这样反映货币(或其他货币替代物)的账户被称为"现金"账,它是"储蓄罐"式的账户。

22. 再回到账户的定义,什么样对立趋势的事实应该记录到现金账户?很明显是拥有的货币储备(stock of money)的增加或减少。结论是什么?在查询时货币储备的金额。

23. 这些事实可以被设计成许多成对的名词,如:

正向的　　负向的

   收到 付出
    进   出
    加   减
   更多 更少
   增加 减少

结论如下：

    正向的

    库存现金

    现金结存

     余额

24. 假设下面的事实需要被记录，以构成账户的各项。

（1）没有钱，1月1日从AB借入100美元。

（2）1月31日收到工资50美元。

（3）2月2日还AB欠款75美元。

（4）同天支付花费49美元。

（5）2月15日借给CD35美元。

（6）2月28日收到工资50美元。

（7）3月3日偿还AB欠款13美元。

（8）3月5日借给CD12美元。

（9）3月31日收到工资50美元。

（10）4月10日收到CD10美元。

（11）4月14日支付各项花费27美元。

（12）4月15日收到CD20美元。

25. 用标准账户格式(表5)并随机决定正向的或收到的各项置于表格的左边部分,我们记录事实如下(参见表9):

表9 现 金 账 户

19—年			19—年		
1月1日	向AB借款	$100	2月2日	向AB还款	$75
1月31日	收到工资	50	2月2日	费用支出	49
2月28日	收到工资	50	2月15日	借给CD	35
3月31日	收到工资	50	3月3日	向AB还款	13
4月10日	收到CD还款	10	3月5日	借给CD	12
4月15日	收到CD还款	20	4月14日	费用支出	27

26. 现在我们遵循账户的定义,到目前为止,我们已经构成一个包含这12个财务因素的系统报表,其中6个是有相类似趋势的,6个是相反趋势的。总共收到280美元,总共支付211美元,很明显,在4月16日开始时的余额为69美元,这就是所寻找的结论。

27. 这个账户目前的形式是往来账户。它根据时间顺序给出现金变动的历史,全部事实的结论或结果在某一特定时间必定会被编制出来,但因为某些原因会稍迟出现,这个时候往往选择可以将全部结果记录在一组账户。

28. 记录结果或余额最清楚明白的办法就是将两边各自加总并将最终结果写在较大金额一方的下面,如表10所示。因为我们现在只关心价值,略过文字。

表 10　现　金　账　户

	$100		$75
	50		49
	50		35
	50		13
	10		12
	20		27
	$280		$211
余额	$ 69		

29．但这不是表述结果最通常的方法。两边的两列通常相等，如果它们不相等，则必须使它们相等。需要使账户两边的金额等于余额69美元。我们用斜体（建议用红字）插入的结果不是事实而是结论。

表 11　现　金　账　户

	$100		$75
	50		49
	50		35
	50		13
	10		12
	20		27
			$211
		余额	*69*
	$280		$280

这是一个真正的平衡，全部的收入确实等于全部支出加上余额。收入在余额上的优势被加在相反的一方以保持平

衡,就像在称黄油时,如果天平不平衡,你不是取出一些黄油而是增加砝码的重量。

30. 在数学中,确认一项事实的常规方法就是用等式。在当前账户的格式(表9)中仅仅是给出了事实,而现在确认这个结果。账户的减法(见表1)也可以得出结果,通过使另外一方增加产生相同的结果:

$$280-211=69$$

变换顺序理解为:

$$280=211+69$$

31. 通过补偿或是增加弱势方以达到平衡的原理在账户中是非常重要的,就如同当我们在接下来的业主账户中所看到的那样。

32. 现金账户的等式可以用几个方法来理解:

收入＝支出＋库存现金

$$280=211+69$$

进＝出＋剩余

33. 在上面这种格式中可以了解到任一账户所代表的财产。通过取得或其他方式的增加,记录在账户的左边;在右边有两部分存在实质上是对立的差异:一是个财产或价值的减少,另一个是占有的结果或价值。

34. 取上述等式的右边,我们发现两部分是相反的。"211"是已经支付出去的;"69"是未支付出去的;"280"

是全部收入的。

尽管"211"和"69"在同一方,但有必要仔细区分这两个部分。不能因为它们在同一方就臆断它们一定是性质相同的。

35. 为了说明另一类表示负债的账户,我们从表9的12笔业务中提取那些意味着负债的。如第1、3、5、7、8、10、12笔业务。第1、3、7笔业务是与AB有关的交易,主要描述了开始负债以及后来偿债。第5、8、10、12笔业务反映的是相反的与CD的关系:CD负债与偿债。因为向CD贷款非常类似于一项资产,我们将借出的钱作为正向因素放在左方,而把偿还的放在右方(表12)。可看到跟现金账户所看到的每笔交易相比,这是完全相反的方向。这种现象在此之后将还会出现。

表12　CD对我的负债账户

| 2月15日 | 借给他 | $35 | 4月10日 | 收到 | $10 |
| 3月5日 | 借给他 | 12 | 4月15日 | 收到 | 20 |

36. CD被称作我们的"债务人",我们是他的"债权人"。当他清偿全部或部分债务时,由于语言的延展,他也叫做"债权人";实际上他没有成为债权人,而仅仅是偿还债务。因此,我

们可以将标题作一个有效的缩写,即只写债务人的姓名和缩写:Dr. 和 Cr.。根据这一变化,账户余额显示如下:

表 13

		Dr.		CD	Cr.
2月15日	借给他	$35	4月10日	收到	$10
3月5日	借给他	12	4月15日	收到	20
			4月16日	余额	17
		$47			$47

再一次得到等式:

发生的负债＝已偿还债务＋尚欠款或目前负债

或是:

发生的负债＝已偿债务＋未偿债务

37. 两边各自的项目被称作"借方"、"贷方",因此我们得到另一种形式的等式:

总借方＝总贷方＋净负债

38. "借"、"贷"两字被广泛地应用于无法区分借贷关系的相类似的账户,所有在左边的分录被称作"借方",所有在右边的分录被称作"贷方"。

39. 与 AB 的交易跟与 CD 的那些交易相反,主体对 AB 负债并偿还负债。如果把我们负债记入借方,那样看起来我们负债应当在贷方表示,因为 AB 是一个真正的债权人,这很正确。他的偿付权也被看做是借项,因此我们可以用跟 CD 账户一样的格式,不同的是 CD 的账户贷方金额大,余额在借方。

表 14

Dr.			AB		Cr.
2月2日	还给他	$75	1月1日	向他借款	$100
3月3日	还给他	13			
4月16日	余额	12			
		$100			$100

40. 另一种看待个人负债账户的方法是在 AB 和 CD 各自的账户中记录,左边或借方跟标题命名是相反的,右边是一致的,所以替换债权人和债务人,我们可以这样命名两方:

  反　对　　和　　支　持
  不利的　　和　　有利的
  趋坏的　　和　　趋好的

41. 这些代表 AB 和 CD 的术语各自独立适合于任何一债务人和债权人。但是在业主现金账户方面,这些术语必须作反向的改变,对其交易对象有利的对业主是不利的,反之亦然,所以他有权也这样写:

  反对他　　　　　支持他
  (但支持我)　　(但反对我)

42. 就现金而言,它是没有生命的,既不能欠钱也不能被欠钱,但它仍可以描述两边如下：

(支持我)　　(反对我)

43. 这7笔交易被两次记录,一次是在现金账户,一次是在其他账户;在一个账户是"支持我"(借方),在另外一个账户是"反对我"(贷方)。因为对"我"的影响在对每对记录中相互抵销,所以就目前而言,没有必要将"我"与任何账户放在一起。

44. 但仍有5笔剩余的分录看起来只与"我"有关：第2、4、6、9、11笔。我们可以开立一个"我"的账户,根据已经建立的先例,将这5笔交易记录在跟它们在现金账户中时相反的一方。"我"的账户可以"支持"和"反对"为标题,就像"我"只是一个门外汉,通过探索,我们会看到它是如何证实的。

表15

反对			我		
2月2日	费用支出	$49	1月31日	工资收入	$50
4月14日	费用支出	27	2月28日	工资收入	50
4月16日	余额	74	3月31日	工资收入	50
		$150			$150

45. "我"的账户表明在"支持"的一方有74美元相对额

的余额。这个余额与其他任一账户不同。它并不代表财产，也不代表负债，而是代表业主权益。它表明收入带来的财富增加比流出多，并最终导致了目前74美元的净价值的结果。

46. 通过一笔独立的交易被惊人地证实。提取其他账户的余额，我们列出了以下清单：

库存现金	$69
CD对我的负债	17
	$86
对AB的负债	12
我的净财富	$74

因此通过两种不同的过程我们取得了相同的结论：一种是通过历史账户追踪收入增加抵扣支出后的增长，得出净剩余的累积。另一种不是通过往来账户而是通过即期账户，给出了在某一给定时刻收入费用相抵后的具体结果清单。

47. 上面所给的余额汇总通常用账户形式来描述。左边是"资产"，由财产以及财产索偿权组成。右边是负债，首先是所有被称作负债或是除负债之外的被称为"业主权益"、"资本"、"股权"抑或是简单地以业主为名的净资产。

这个结算表被称作资产负债表（见表16）。

表 16　资产负债表

资产		负债	
库存现金	$69	对 AB 的负债	$12
CD 的借款	17	所有者权益	74
	$86		$86

48. 将 12 美元和 74 美元整合在一起统称为负债是没有任何益处的。那些运用这种表述的人经常自相矛盾，他们说业主账户是财产高于负债的部分，如果业主账户是作为负债的一部分，那么就不会有任何差额。

49. 这个小型的范例说明了账户间的关系以及相互依存。没有孤立的、只有与其他账户相联系的账户。当它们在一个给定的范围内构建一个为所有事件提供记录表的系统时，该系统应包括分类账，即那些资产负债表是谁的结果的具体体现。

第四章 交　　易

资产负债表的平衡—交易的平衡—六个事项，每个交易必须包括至少两个事项—每个例子—交易的分析

50. 我们不能在这一点上对资产负债表或资产负债表具体化的账户进行全面的讨论，这两者都是十分有意义的题目。

51. 有充分的理由说明资产负债表是由分类账中的所有账户或者没有余额的所有账户汇编而成的。理论上，它是每个账户的终止，使账户为了接受检查而放弃平衡；但是这会立即还原。这种还原自然不是还原应该增加平衡的一边，而是最初的一边。它可能是一个新的账户，重新开始记录一切，也可能如表 10 中的平衡表在同一栏的"＝"线下继续记录。AB 和 CD 中的账户如表 17，表 18 所示。

换句话，资产负债表的平衡分配到各个账户，它们形成了第一项。

52. 资产负债表的重现,需要记住它的等式:

资产＝负债＋所有者权益

一般的资产负债表不包括别的内容;每一项都归到这些主要条目的其中一项之下。

53. 这些账户被暂时中止接受检查和还原,现在重新复原它们。什么准则能将未来发生的事项准确无误地记录在正确账户的正确一方呢?自然地,任何增加必须记在与资产负债表上的相一致的同一边上。

表 17

贷			AB		借
2月2日	偿还他	$75	1月1日	借给他	$100
3月3日	偿还他	13			
4月16日	余额	12			
		$100			$100
			4月16日	余额	$12

54. 任何事项必须既有价值增加又有价值减少,有三种价值;因此有六个可能的事项。

(1)资产的增加。

(2)资产的减少。

(3)负债的增加。

（4）负债的减少。

（5）所有者权益的增加。

（6）所有者权益的减少。

表 18

贷			CD		借	
2月15日	借给他	$35	4月10日	收到	$10	
3月5日	借给他	12	4月15日	收到	20	
			4月16日	余额	17	
		$47			$47	
4月16日	余额	$17				

54. 任何事项必须既有价值增加又有价值减少，有三种价值；因此有六个可能的事项。

（1）资产的增加。

（2）资产的减少。

（3）负债的增加。

（4）负债的减少。

（5）所有者权益的增加。

（6）所有者权益的减少。

55. 资产的结余在借方。因此，增加记借方，减少记贷方。

56. 负债的结余在贷方。因此,增加记贷方,减少记借方。

57. 所有者权益的结余在贷方。因此,增加记贷方,减少记借方。

58. 因此有六项可能发生的事项如下所示分配到借方与贷方:

借方	贷方
左边的分录	右边的分录
资产的增加	资产的减少
负债的减少	负债的增加
所有者权益的减少	所有者权益的增加

59. 每项交易至少涉及这些事项中的两项,并且它们必须属于上表中不同的一列。

(1)资产的增加。收到现金,除非其他资产作为交换,或偿付了债务,我们的总价值会增加。即:

借方　资产的增加必须符合任一个

贷方 $\begin{cases} 资产的减少 \\ 负债的增加 \\ 所有者权益的增加 \end{cases}$

我们不能从"零"中得到东西;但是从第三个事项中得到的却不是实质的事物,而是某种服务。

提供服务引起的所有者权益的增加叫做收益或收入。

（2）资产的减少。如果我们资产减少,除非是从其他资产中得到相应的回报,或减少了某种债务,我们的净财产或所有者权益是减少的。

贷方　资产的增加必须符合任一个

借方 $\begin{cases} 资产的增加 \\ 负债的减少 \\ 所有者权益的减少 \end{cases}$

在第三个事项中,没有任何切实回报的价值分离,叫做费用。有真实的回报,但是它存在于接受的服务里;这些服务不能归于资产,只不过是我们的身体、思想和技术,必须作为我们净财富减少的结果。

（3）负债的增加。如果我们负有债务,除非我们从中有所得,如存货,或偿还了其他债务,我们必须把财富视为所有者权益的失去。负债的增加与资产的减少引起相同的影响,这与上文提到的第(2)点有许多相同之处。

贷方　负债的增加必须符合任一个

借方 $\begin{cases} 资产的增加 \\ 负债的减少 \\ 所有者权益的减少 \end{cases}$

（4）负债的减少。债务支付受资产分离的影响,或受发生新债务的影响;或者不受影响,而是因为提供服务导致财富的增加，正如资产的增加那样。

借方　负债的减少必须符合任一个

贷方 $\begin{cases} 资产的减少 \\ 负债的增加 \\ 所有者权益的增加 \end{cases}$

（5）所有者权益的增加。我们以资产的增加或负债的减少来增加财富，这两种方式都发生在借方。

贷方　所有者权益的减少必须符合任一个

借方 $\begin{cases} 资产的增加 \\ 负债的减少 \end{cases}$

它可能与所有者权益的减少相类似，但它是一个典型的结转分录。例如，将锯木厂作为我们的资产之一，需要单独记录锯木厂的收入，我们将它作为真正的不动产，如果出租给租客就可以得到一定租金收入；我们将租金作为不动产的收入记入贷方的同时，将其作为锯木厂的流出记入借方。

（6）所有者权益的减少。毫无疑问，此项与上述程序相反。

借方　所有者权益减少

贷方 $\begin{cases} 资产的减少 \\ 负债的增加 \end{cases}$

因此设置为任何记入借方或左边的分录要求以相同的金额记录在贷方，反之亦然。

60．下面几个例子可以用以说明如何分析构成交易并记入构成交易的借方和贷方。

（1）用现金购买货物。货物部门是资产的增加。由此必定有相应的资产的减少或者是负债或所有者权益的增加,这三种事项之一会记录在贷方。显然,三种事项的第一项是符合这种的,分录的形式如下：

  借　资产的增加　　贷　资产的减少

用通常的缩写形式可以记作：

    资产　借　资产

但是,通常详细地将资产所属的部门以及因此影响的账户列示,如：

  货物　借　现金

这还可以更简洁：

   货物　现金

 或 货物/现金

没有特殊符号时一般认为左边是借方,右边是贷方。

所有者权益的增加是由于购买货物,减少是由于支付现金这个观点是合理的。因此,这两个变化应当在账户中体现,即有以下分录：

  货物/所有者权益

  所有者权益/现金

但是似乎记录所有者权益账户的变化用处甚少,因为财富净值既不增加也未减少。试图在系统中有所记录,但是效用却令人怀疑。

(2)从 John Jones 处赊购货物。货物的取得是借方发生额,从三种符合情况的事项中选出符合情况的一种,得到:

借　资产增加　　　　　　贷　负债增加
资产　　　　　　　　　　负债
货物／John Jones

(3)收到现金工资。收到现金,借方一定是资产增加。贷方呢?资产负债表中没有资产减少,没有负债发生。结果是所有者权益的增加,这是由于提供服务所得到的。

借　资产增加　　　　贷　所有者权益增加
现金／所有者权益

但是所有者权益账户很少立即将收入记入贷方。更多的收益来源于许多临时账户,这些账户是某一特定时期各分类计划的收入记入贷方的发生额。因此,可以对一个时期的所有者权益变化提供一个全面的视野。交易毫无疑问记入工资收入账户贷方:

现金／工资收入

(4)我们持有一项几年内未到期的抵押。半年收取一次利息,截至上一到期日收取利息,已经过了一个月。假如我们最近要生成一个账户,我们怎样对这个月已经计提的利息做账?

可能会认为已欠的利息至今并未支付,收入也没有增加。但是同样的道理也可以得出没有抵押借款,因为它还没有到期。事实上,对向我们抵押借款的债务人而言是有负债的。尽管不能便利地每天都记录它,但负债的确是每天都在增加。这项资产不像其他资产通过交易获得,而是每月获得,是提供服务而获得的。这项服务就是提供资本的使用权。

尽管对向我们抵押借款的债务人而言是一项私人债务,但它不仅仅依赖他的银行存款,也依赖他的真正不动产的安全。有几个有利的原因证明它是一种特殊的资产,不能将其归于其他应收账款。由于提供这样的特殊服务引起所有者权益的增加可能同样有自己的账户。因此我们应该如下分析交易:

借方 除主要债权外,通过获得这种自然增长的利息的求偿权引起的资产的增加。

贷方 通过这样做我们既没有增加资产也没有增加负债;因此通过这项服务我们增加了所有者权益。

增加的利息／利息

或利息收入

(5)我们收到的债务偿付,一部分是现金,一部分是支票或书面的支付承诺。假设债权为200美元,其中现金50美元,支票150美元。获取了两种类型的资产,我们可以将这视为两种交易或一种:

现金/Jone Jones	$ 50	$ 50
应收票据/Jone Jones	150	150
或者		
现金/		50
应收票据/Jone Jones	150	200

或用旧术语：

全部对 Jone Jones 的负债	200
现金	50
应收票据	150

61. 如果我们回想一下六种可能情况，其中三种发生在借方，三种发生在贷方，那么将交易按它的借贷方分析并不困难。

第五章 资产负债表

资产负债表的重要性—其构成要素—如何构成—从其目录来看—从其起源来看—修改—综合科目和单一科目的钩稽关系—组合科目—资产负债表的一般形式—借贷方的引申含义—反向表达法—资产负债表等式—其局限性—会计科目排列顺序—合伙企业资产负债表—公司资产负债表—单式记账法形式—无资产负债表交易—综合账户

62. 资产负债表被认为是所有会计工作的基础,每个会计账户的起点和最终目标。

63. 个体企业的资产负债表是在特定时间点对个人或集体财富所有组成要素的汇总。它必须包含：

（1）资产价值,财富和所有权的构成,享有所有权的个人或集体的名称。

（2）相对于所有权存在的资产和从中所获得的利益。

(3)从(1)中减去(2)的剩余价值和价值中各自的财产利息。

(1)等于(2)和(3)的和,习惯上将(2)和(3)一起放在账户的同一侧。

(2)和(3)本质不同[有时认为(3)是负债的一部分];相反,它们是有根本区别的。

64. 资产的总价值(而非资产本身)被分为两部分:外部所有权部分和非外部所有权部分。

65. 资产负债表有两种构成方式:

(1)按照资产、负债和所有者权益的实际投资数量和价值。在会计系统开始之初,没有合适科目的情况下,这是唯一的方法。这种方法被称为"目录"法。

(2)通过以前年度资产负债表会计科目追溯价值变化,以取得当期资产负债表。这种方法被称为"追溯"法。

第(1)种方法完全独立于会计账簿,而第(2)种方法则完全基于会计账簿,并以其内容为支撑。

66. 如果会计记录是完整的,那么两种方法的结果是相同的,就像通过测算和通过与太阳的相对位置来给船定位的理论结果是一致的。但我们知道,在实务中,这两个结果往往是不一致的,因为没有绝对精确或者能预见会计科目的各种变化和偶然性结果的会计系统。

67. 在实务中,需要综合运用两种资产负债表的构成方法。由账簿记录得出的结果必须通过估价予以复查,即便是负债类账户等独立账户也是如此。账户余额需要从债权人处或者其他公正来源获得证据予以证实。

68. 在现行会计工作中,许多记录是暂时的,或预期与将来的变化相适应的。因为这些记录必须是连续的,一定程度的估计是必要的,这些估计是无害的,并会在之后的资产负债表中予以修正。为了使资产负债表尽可能的完美,适当的修正是必需的。

69. 我们现在面临的问题是:这些修正是应基于现行科目通过补充分录来生效,还是应该不出现在日常会计记录而只在资产负债表中体现其影响?

70. 笔者认为前一种方式下的估价和追溯结果相一致,或者至少使资产负债表意图反映个体企业的财务信息。外部使用者需要的资产负债表或财务报告,需要与会计科目出于一致的出发点,而不允许有所谓的修正存在,因为它们构成的基础是不同的。然而,即使在这种情况下,这些专门的修正也必须体现在会计记录中,以使得财务报告中的每个数字在必要时都可查于会计账簿。

71. 尽管每个账户都附属于资产负债表,但是并不是说一个单一账户可以代表资产负债表的一部分。资产负债表是将具有相似本质的众多单一科目余额归类汇总,并浓缩在一起而形成的。因此,如果个体企业有诸多债务人,则这些债务人并不在资产负债表上详细列示：

AB	$……
CD	……
EF	……
	$……

而只是简写为债务人一行：

各种信贷	$……

72. 这给出了在特定时点对企业经营状况更为综合但并不具体的考察。详细信息可以通过分项列表或明细账获得，明细账给出了单一账户的发生额的全部细节，以解释账户期末余额与资产负债表中单一项目记录的数额相等。

73. 对于细节的需求和与此相对的对于综合性的需求贯穿了会计工作始终。这两个要求通过双重报告方式得以满足。我们需要编制高度概括的报表以给出关于企业经营状况基本特征的概述性观点，同时，另一方面，我们需要编制详尽的明细账，以给出所需要的全部细节信息。

74. 为了同时满足对会计信息的两类不同需要，同时提供概要资产负债表要求的简化结果和单一账户的详尽细节，需要建立两类不同的分类账。在概要的分类账中，账户按照资产或负债的类别同时列示。例如，企业在抵押借款上拥有诸多投资，在总账中，只有一个账户以"抵押借款"的名称予以披露，而在"抵押借款"明细分类账中，每一抵押贷款都分别有其账户及余额。这两者的结果是相等的。在任一时点，明细分类账的余额合计等于总分类账余额,只是其提供的信息更加详尽、全面。这一附加条件是必需的,因为抵押贷款明细分类账应按日记录,而其总分类账又需要每月按债权人和债务人提供概要信息。

75. 这样的账户形式是人为的。两类分类账并没有共同利益,它们的存在只是为了个体企业方便的需要。

76. 我们现在给出詹姆斯·琼斯公司事务的简要资产负债表,这一形式普遍应用于美国、苏格兰和欧洲大陆。

我们在账户的两端使用了"Dr."和"Cr."的习惯性缩写,尽管这种表达方式并不是不可改变的规则,但我们需要对其作出解释。

表 19　詹姆斯·琼斯公司资产负债表

借		贷	
货币资金	$3 506.74	抵押贷款	$4 000.00
存货	22 166.73		
个体债务人	15 972.15		
不动产	10 000.00	詹姆斯·琼斯	47 645.62
	$51 645.62		$51 645.62

77. 我们先来关注账户的左边,它由三种财产和债权人组成。财产不对琼斯先生负有债务,它们只是属于琼斯先生。财产的余额所在的方向被称为借方;借方财产具有相似

性,它们都是属于你的财产或者别人将要付给你的财产;有些时候,在银行余额的案例中,它们可被称为财产或应收债务。因此,我们可以扩充"借方"的定义,它在关于财产的描述中使用,其意义为"属于"、"……的财产"。为了保持一致性,"贷方"的意义也需要相应的扩充,它意味着"……的所有者",或者"应付"。

78. 理解了这些扩充含义,我们可以更好地解释资产负债表。

表 20 詹姆斯·琼斯公司资产负债表

(与人的关系和他的财产)

借 (债务人和属于他的财产)		贷 (债权人和他实际的所有权)	
货币资金(属于他)	$3 506.74	抵押贷款(应付)	$4 000.00
存货	22 166.73		
个体债务人(应收)	15 972.15		
不动产(属于他)	10 000.00	詹姆斯·琼斯(净值)	47 645.62
	$51 645.62		$51 645.62

79. 琼斯公司事务的另一种描述方式刚好与上述方法相反。不是将与琼斯公司相关的其他各个项目列示于账户中,而是描述琼斯公司和他人的关系;对所有和应收的事项将其列示为债权人,在账户另一边列示不属于他的和应付的事项(参见表 21)。

表 21　詹姆斯·琼斯

(他与人及财产的关系)

借 (负债及权益)		贷 (作为债权人和所有者)	
抵押贷款(应付)	$4 000.00	货币资金(琼斯所有)	$3 506.74
		存货(琼斯所有)	22 166.73
		个体债务人(作为债权人)	15 972.15
詹姆斯·琼斯(净值)	47 645.62	不动产(琼斯所有)	10 000.00
	$51 645.62		$51 645.62

80. 这种方式常用于英国——负债和所有者权益在左边,资产在右边。

81. 当我们说两者之间"有账务关系"时,前者作为债务人列示于借方,后者作为债权人列示于贷方。因此,当我们说"A 和 B 有账务关系"时,账户左方列示 A 的负项,账户右边列示 A 的正项,而"B 和 A 有账务关系"时方向是相反的。

82. 通过上述解释,我们可把这两种模式描述如下:

美国模式代表:

　　与琼斯公司有账务关系的事项。

英国模式代表:

　　琼斯公司与其他事项的账务关系。

基于以下原因,我认为英国模式更合适:"琼斯公司与其他事项的账务关系"这一账户已经存在,如表 14 中所示,它是一个流量账户,而不是一个存量账户;它无法给出某一时点财务状况的概况和其达到这一状况的过程。我认为,与拥有相同时点的存量账户与历史账户相比,建立与琼斯公司有账务关系的事项的账户,并揭示其结果的真实性这一方法更为合理。

83. 但是,比较而言,这一模式是不重要的;真正重要的是,我们对于一方的资产及另一方的负债和所有者权益得出的等式。无论琼斯公司采用何种表述方式,都表达了一个同样的事实:

我所拥有的＋我应收的＝我应付的＋我的权益

或者

我应付的＋我的权益＝我所有的＋我应收的

无论其采用第一人称还是第三人称表述。

84. 资产负债表有其局限性。个体企业所有者的性格、技能、经验,尽管是其资本的重要组成部分,但不包括在资产负债表内。这些要素并不能买到或出售,只能通过个体企业所有者所提供的服务表现出来。

85. 资产负债表中列示的资产,只包括个体企业所有者身外的物质因素,或对其他人或物的权利;换句话说,只包括现在拥有或将来将要拥有的物质事务。

86. "我"这个账户,很少有事项发生,它有很多名称,暗示了这一账户与其他账户的不同。事实上,它们之间确实存在着像心灵与肉体那样深刻的区别。

个体所有者账户最常用的名称是：

詹姆斯·琼斯,资本账户

或是另一种更简单的形式：

资本(账户)

这一形式的缺点是:资产负债表的资产是经济意义上的资本,但所有者同时使用借贷资本和个人资本来获利。

如果我们仔细区分簿记中的"资本"账户和经济学家所说的"资本",并没有什么不妥。如果我们提到"詹姆斯·琼斯的资本"这一账户,并不会引起理解上的混乱。这是因为我们沿用了经济学家的"资本余额"和"净资本"的概念。

87. "股票"在旧时是具有相同意义的词语,但现在除了用于公司已很少使用。

88. "詹姆斯·琼斯,个体企业所有者"的表述方式适用于这一目的的文章,但不经常使用。

89. 资产负债表中的科目顺序是按照重要性来排列的,尤其是在科目繁多的时候更是如此。如果可能的话,需要一些标准来加以规范。在我们的例子中,遵循了可获得性的标准,或者说是流动性标准。最易于变现的资产放在最前面。在表的另一侧,应最先予以偿付的负债排在最前,其后是所有者权益,因为其并不是一个固定金额,而是资产与负债的差额。

90. 在任何特定案例中,都不存在科目排列顺序的最佳标准。在工业企业中,生产和盈利能力比资产的变现能力更为重要,因此,固定资产应该放在第一位,而现金应作为盈利性最低的资产放在最后。但是,从某种程度上来说,一些固定的排列标准比随意性更适用。

91. 我们现在假定刚刚已经列示出其资产负债表的詹姆斯·琼斯公司,与威廉·史密斯合伙成立琼斯·史密斯公司;史密斯公司的所有者权益为23 822.81美元,其资产明细如下:

货币资金	$5 082.34
存货	17 082.65
个体债务人	8 123.17
应收票据	7 000.00
	$37 288.16

负债明细如下:

应付票据	$8 000.00
个体债权人	5 465.35
	$13 465.35

92. 琼斯·史密斯公司是一个贸易公司。现在其资产为两者的合并数,负债也为它们应承担的总数。

一个新的企业实体已经由琼斯和史密斯两家公司产生;这是一个合伙企业,但其确实是真实存在的。Irving Fisher

教授在他的《资本和收入的本质》一书中提到,这种情况下"法人拥有一定的资产,但其仍应付给自然人。"在这一问题上,我认为他被簿记人员的懒惰习惯所误导了,即尽管知道一些贷方余额不是负债,却将所有贷方余额称为负债。即使是允许不欠任何自然人的虚构实体存在也是如此。事实上,它仍是一个自然人所拥有的复合所有权,而与负债无关。

93. 现在,琼斯·史密斯合伙企业成立了;因此,它也需要有资产负债表。此时,可以将个体企业报表合并或者分开列示。但对外报送的报表通常是合并列示的,这也适用于贸易机构,或债务;分开列示的信息供合伙人使用(参见表22和表23)。

表22 琼斯·史密斯公司资产负债表

货币资金	$8 589.08	应付票据	$8 000.00
存货	39 249.38	个体债权人	5 465.35
应收票据	7 000.00	抵押贷款	4 000.00
个体债务人	24 095.32		
不动产	10 000.00	琼斯·史密斯(企业资本)	71 468.43
	$88 933.78		$88 933.78

94. 假设琼斯·史密斯公司不想成立合伙企业,而是想

表 23　琼斯·史密斯公司资产负债表

货币资金	$8 589.08	应付票据	$8 000.00
存货	39 249.38	个体债权人	5 465.35
应收票据	7 000.00	抵押贷款	4 000.00
个体债务人	24 095.32	詹姆斯·琼斯	47 645.62
不动产	10 000.00	威廉·史密斯	23 822.81
	$88 933.78		$88 933.78

成立"琼斯贸易公司"。他们认为,他们合并的个体资本的真实价值超过 71 000 美元,将其资本确认为 60 000 美元,每股 100 美元,共 600 股是合适的。然而,如前所述,所有者权益总额是 71 468.43 美元,这一金额必须以某种形式列报。

为了同时列报资本化金额和真实的所有者权益,我们将所有者权益总额划分为两部分:

实收资本:股票面值　　　　　　　　　　$ 60 000.00
资本公积:实际价值超过面值数　　　　　　11 468.43
两者的总数为所有者权益的实际值　　　　$ 71 468.43
此时的资产负债表见表 24。

95. 将实收资本和盈余公积放在负债前面的异常现象并不经常发生。这主要是出于对新公司成立时就拥有资本和资产,之后才发生有关负债的交易这一事实的考虑。将所有者权益账户放在负债之后的列示方法更为合理。

表24 琼斯·史密斯公司资产负债表

货币资金	$8 589.08	实收资本	$60 000.00
存货	39 249.38	资本公积	11 468.43
应收票据	7 000.00	应付票据	$8 000.00
个体债务人	24 095.32	个体债权人	5 465.35
不动产	10 000.00	抵押贷款	4 000.00
	$88 933.78		$88 933.78

96. 我们现在已经介绍了商业实体的另一种形式,它是集体的企业但仍是私有和现实的。它的虚构特征在于其股票的名义价值或面值。琼斯拥有600股股票中的400股;这不表示股票的价值,而仅仅表示他对整个所有者权益的持有比例。琼斯的股票的真实价值不是60 000美元的400/600,而是整个71 468.43美元的400/600,或者是其出售后的真实价值。每股股票的账面价值是119.114 05美元,它将会随着企业经营状况好坏的变化而变化。

97. 有一位杰出的评论家,Edward M. Shepard,曾经辩称,如果每股股票仅代表了所有者权益总额的1/600或1/1 000,股票没有相应的名义价值会更好。这就不会存在升水或贴水的情况。

98. 然而，企业真实的净资产是被人为地分为两部分以显示名义实收资本。这是出于诸多原因的方便考虑。法律通常要求名义实收资本与初始投入的现金额保持一致。股票的名义价值是按照持股比例计算股利的简便基础。一些种类的企业，例如，保险公司，需要保持价值至其账面实收资本。其他企业，例如，国家银行，股东是在股票价值降至零后，偿付其账面价值的保证人。

99. 显然，股票的出售价值，应该是资产减去负债的账面价值。然而，无论资产和负债的计价多么精确，出售价值很少与账面价值相符。其原因在于，当资产以账面价值交易时，它们并不能获得平均股利率。这可能是由于技术的缺乏，地点的不变，或者其他一些不利因素。但是，买主是为了获取未来收益，只有当他认为可能获取该项资产时才会进行投资。另一方面，企业管理层可能十分成功，以至于其盈利能力超过了平均数，如果这是恰当的，资本公积数将会增加。

100. 借贷双方形式并不是资产负债表一成不变的最佳形式。将资产、负债、所有者权益按顺序排列是一种非常清晰的列示方式，这种列报方式可以有多种顺序，和多种科目的合计金额。

101. 我们曾经提到技能和经验这些存在于实践当中，但不列示于资产负债表中的特定资产。因此，有可能有的个人或企业没有资产负债表。以其在特定行业的技能获取工资，并在收到后尽可能快地花掉它们的个人不需要资产负债表。他的技能是表外资产，并且其没有具体的余额。如果他"提前"或者"延后"一定程度，他将会拥有一定的资产和负债以编制资产负债表；但是，这些与"个性＋技能"的表外资产相比是不重要的。然而，他需要费用和收入账户，以满足其收到和发出产生于非资产负债表资产的服务的需要。

102. 这对于事业单位来说是相同的。它的主要资产是其通过税收，没收其范围内的成员或其他企业财产的能力。这在一定程度上无法进行计价，但在法律上，可以通过其成员的需求加以确认。理论上说，它只是一个将财产转化为服务的机构。它拥有资产，且其中一部分可被计价；但其最重要的资产，如高速公路，是为公众服务且不可计量的。它也拥有负债；但没有资产和负债的差额以满足说明性目的。确认的资产明细项目可以进行计价；负债的明细项可能更多；但其所有权不能确认为一定的金额，因此没有资产负债表。事业单位簿记的最高作用是收入和支出的配比。

103. 建立了资产负债表的基础概念，我们就可以进一步对其组成要素进行分析。资产、负债、所有者权益，三个项目通常存在但不是不变的。三项中最为具体和有形的是财产和构成资产的权利，其次是负债的扣除，最后是所有者权益的抽象概念。

表 25

净投资	$71 468.43
负债	17 465.35
总资产	$88 933.78

资产负债表明细

实收资本，600 股，每股$100	$60 000.00	
资本公积	11 468.43	
净投资		$71 468.43
资产：		
货币资金	$8 589.08	
存货	39 249.08	
应收票据	7 000.00	
个体债务人	24 095.32	
不动产	10 000.00	
总资产		$88 933.78
负债：		
应付票据	$8 000.00	
个体债权人	5 465.35	
抵押贷款	4 000.00	
总负债		$17 465.35

104．贷方给出了不是按照其实际资产，而是按照其价值

的分类,借方给出了其按照本质的分类。单项资产不需要和特定负债相对应。资产和负债一起产生,前者是有形的,后者是无形的,构成了特定账户的特定价值。

第六章 资产的分类

物品和权利—可相互转换性—不完整合同—服务的具体化—收到服务的储存—资本—投资

105. 资产负债表资产一方的特定价值可以分为两类:

(1)物品。

(2)权利。

或者换一个说法:

(1)属于我们的物品。

(2)我们所有的债权。

又或者:

(1)已拥有的物品。

(2)预期将要拥有的物品。

通过测试,我们可以发现,这些分类有轻微的交叉,每项资产既可以被看做"物品",又可以被看做"权利"。

对物品的所有权仅仅是使用和控制它的权利。

因此,我们所有的"物品"都可以看做是所有权。我们将现金看做是一项物品,是我们最为具体的一项资产。然而,现金中的大部分是银行存款,即仅仅是按需求收到现金的权利,或将此权利传递给他人以代替付现。但是,银行存款并不是真正的货币,我们拥有的只是银行票据或回执单。这些是印刷着传递收到现金的权利的合约的物品。最后,那些硬币,因为是标准金属制成的,所拥有的价值也应是金属的价值。然而,除非我们是珠宝商,我们不会使用它们。我们简单地按照面值来使用,因为我们拥有依据法律按面值付款的权利。

106. 因此,物品可以转化为权利;反之,也是可行的:权利也可以转化为物品。权利是将来可拥有的物品。不仅如此,它们还常常拥有物品的保证。我们列示为资产的个人负债通常基于我们已出售商品的保证。我们认为它们仍然存在,而事实上我们也仍在为它们付款。我们之所以相信其他商人会付款,是因为他拥有这些还有其他商品,它们的价值大于对我们的债务。因此,所有的权利最终都取决于物品,无论是现时的还是预期的。

107. 但是,权利有时候被具体化为一种人为的物品,尤其是它们被一些物件,如文件所证实的时候。债权很少被认为是所拥有的物品,而票据,作为相同债务的手写凭证,被认为是本身有价值的物品,因为它是实在的和可交易的。对于债券、抵押贷款等可传递的正式文件更是如此,它们被认为是真实的财产,而不仅仅是债权的象征。

同时,物品有时被具体化为个体债务人,此时,资产和负债的整个系统被转化为一系列应收或应付的债务。假定货币资金账户是出纳的账户,他应收所有收据,应付所有付款项。简单地说,仓库保管员被认为拥有所有存货,土地代理机构被认为拥有所有不动产;我们忽略了没有真实债务存在这一事实,因为各个保管员并不拥有这些物品的所有权,就像牧羊人和他的狗都不对羊负有债务一样。

108. 这些试图将全部资产转化为物品,或者将全部物品转化为个人债务的极端主义者,曾经进行过长时间的争论,特别是在意大利。我们可以将他们划分为唯物主义者和唯心主义者两个阵营。显然,这些争论者从不认为资产的本质有什么不同;而且,鉴于资产的本质及其账户形式已经被广泛理解和接受,没有必要将其转化为另一种形式的资产。寻找并追求事务的本质比将所有事物都归结为"理论"模型要安全得多。

109. 权利通常产生于不完整合同。除非有默许或成文,口头或书面的合同证明,别人给你或你给别人某物,否则你不对任何人拥有债权。如果你满足了合同中的内容,一方则具有某项权利,而另一方则具有义务。合同可能只是未经书面表达的共识,或者是经过正式签署、盖章和公证过的。

110. 另一方面,所有资产都是之前提到的服务的具体;是所收到的服务的储存。一些人提供劳动以创造财富;但是劳动力服务在将来并不需要,节约劳动力费用,或者其具体化成果,使其价值降低甚至毫无价值。

111. 然而,这两方面的价值只是大体上相等。一方面,由于竞争的原因,服务可能高于或者低于合理价格出售;因此,通过服务而收到的资产就可能少于或者多于未来应收的服务。整个经济过程(将所有事项简化为服务)即高价出卖自身服务和低价购进他人服务。另一方面,伤损(用 Irving Fisher 教授的话来说)可能由于各种原因而产生,以至于提前服务对于整个变现过程来说是不可能的。必须注意到,资产作为未来服务的现时价值是整个基于个人观点的,考虑到事实,将它们作为提供服务的顾问。

112. 经济学家将资本定义为财富的一部分,这一部分被留出以供附加财富的生产。通常,在商业企业的资产负债表中,所有的资产都是资本,作为运营的工具加以使用。其他被称为"投资"的资产,实际上是将这些工具交给其他人,服务的应收价值以货币资金或者其他资产的形式体现。这在企业中,以其他企业的股票或债券的形式例证其所有权。由物质资产构成的这些债券被用作企业的工具,而不是仅仅持有。少数情况下,这些替代资产被认为是资本;例如,其所有权可能是某种偶然性或能力衰退的保证。因此，Irving Fisher 教授关于所有资产都是资本的观点是易于接受的①。

113. 总结本章，构成资产负债表借方的资产可被按照以下一种或几种方式划分：

（1）直接或间接拥有的物品或物质资产。

（2）对物品或人的使用、服务、转换的权利。

（3）不完整合同或合同资产。

（4）之前提到的服务的结果或成本。

（5）预计应收服务的现时价值。

（6）企业运营行为的资本。

（7）对其他使用资本者的投资。

114. 对于将某些资产用于对某些负债的偿付的特定案例，我们将会在下一章有关负债的问题中予以讨论。

---

① 在《资本积累》一书中，Irving Fisher 教授通过约分，忽视了企业被其他企业持有的证券，因为它们均不能为双方提供资本；这与文中的区别近似。

第七章　负债的分类

负资产—资产的递延减少—对他人的权利—不完整合同—借出资本—与特定负债相对应的资产—一些表面看来是负债,实际是抵销的科目—不减值负债

115. 从资产负债表的资产一方可以看出,我们太过于理想化了,已经使客观屈从于主观。尽管资产一方包括许多具体的事实;另一方对我们拥有所有权和别人对我们有求偿权的事物,即负债,进行了区分。

116. 从代数方面来说,我们可以认为负债是负资产,所有者权益即为正负资产的代数和。

另一种表达方式是负债是资产的递延减少,即与所有者权益净值现时减少具有相同效用的未来减少。

117. 某种程度上,负债与资产是相对应的,尽管它不代表具体的财产。

作为权利，它是别人对我们或我们的财产的求偿权，如同资产是我们对他人的求偿权。

作为不完整合同，负债是其中我们的部分未得到满足的合同。

作为资本，它们代表了总资本中由他人提供的部分，或借出资本。

118. 通常，并没有指定说由哪些资产来偿付哪些负债，但是，资产总额必须足以偿付全部负债。

"资产"这个词，意味着"足够"或者"充足"，它从债权人的视角揭示了这一本质。然而，以有限资产偿付无限负债的案例是存在的，在这种情况下，只有负债已被先行偿付（即被保证）时，特定资产才可与其相对应。一个与此类似的例子是不动产的抵押贷款。该项资产属于其所有者，在其资产负债表上，以不动产的形式列示为资产；所有者对其具有完全的所有权；可通过出租来收取租金甚至出售该项财产，因为其具有该项资产至高无上的所有权或对抵押贷款的留置权。例如，财产的状况可能如下所示：

不动产价值	$ 10 000	抵押贷款	$ 4 000
		抵押资产净值	$ 6 000
	$ 10 000		$ 10 000

真正的所有者权益在上述资产负债表中以"抵押资产净值"予以列示,这是所有者真正可以出售的所有财产。因此,他有时候会选择不以10 000美元列示资产同时以6 000美元列示负债,而是扣除负债,将抵押资产净值列示为净资产。

不动产净值:	
价值 $ 10 000,抵押贷款	
$ 40 000	$ 6 000

资产负债表中的"权益"一词是从个体所有者角度出发的,在本例中,是从资产的角度来讲的。

119. 与此相同,当其他资产被抵押以偿付负债时,需要采取一些措施,以防止所有者转移财产,从而损害质押人的利益。例如,美国政府以国家银行中的债券作为担保,以赎回政府担保的流通性票据。

负债	资产
美国政府债券以保证流通	流通货币(未偿付票据)

通常,抵押贷款是资产与负债相对应的另一个例子。

120. 虽然资产和负债具有相互对应的相关性,却很少有价值的对应。出于谨慎性考虑,资产总是大于,或常常大于负债;因此,差额总是存在的,例如抵押贷款净值。

121. 许多表面上看起来是负债的项目更适于作为相关资产的减项,关于这一点,我们将在抵销这一项目中详细说明。

122. 资产有可能减值,其减值影响到所有者权益,但负债不会减值,它们必须按照原始金额予以列示。

第八章 所有者权益

所有者权益的分类—权利—负债和所有者权益的区别—服务—资本；自有资本—列报资产、负债和所有者权益的虚构方法—货币资金理论—"企业"理论

123. 与负债相同，除了"物品"以外，所有者权益可看作与资产具有相同的分类。在负债存在时，所有者权益无法通过一系列明细列示，因为负债可通过处置资产而被偿付。但是，如果不存在负债，资产总额就是所有者权益额。我们回顾一下表 19 的资产负债表，去掉抵押贷款，则所有者权益的价值就是资产的价值。在没有负债的情况下，所有者权益就是资产的总额，此时资产负债表只需一方即可：

货币资金	$3 506.74
存货	22 166.73
个体债务人	15 972.15

不动产　　　　　　　　　　　　　6 000.00
　　　　　　　　　　　　　　　———————
资本　　　　　　　　　　　　　$47 645.62

最后一行即为所有者权益,是同时从簿记和经济两方面出发考虑的资本。

124. 然而,作为"权利",所有者权益是可考的。资产可看作由对他人的求偿权组成,负债可看作由他人对我们的求偿权构成,其差额就是所有者权益。

因此,资产负债表的右方完全由对左方的求偿权组成。有人可能会问:"右方全部由负债组成是否可能?"答案是对他人的权利,即负债,与所有者权益,在以下方面是不同的:

(1)所有者权益包含对某项资产的所有权,和按照个人意愿使用和处置的权利,而债权人只能在特定环境中对其产生影响。

(2)债权人的权利受限于一个有限的金额,当资产减值时,负债并不减值,而所有者权益的金额是弹性的。

(3)损失、费用和减值损失都只影响所有者权益,利润、收入和增值收益也只影响所有者权益,而不影响债权人。

因此,所有者权益不能与负债同等对待,即资产负债表右方的两个分类需要区别对待。

125. ①

126. 作为服务的效应,所有者权益描述了付出多于收到的服务的部分。而作为未来服务的具体化,它描述了企业不需付出任何服务即可获得未来服务的净价值。

127. 将所有资产看做资本,则所有者权益(在价值上)就是资本中由所有者提供的部分,这与由他人提供的部分,即负债,有所区别。

128. 在对资产进行分类前,负债和所有者权益是一个系统的整体,有两种虚构方法对其进行列示,每种方法都需要可抵销媒介元素。

129. 在货币资金理论中,假定每项交易都通过货币资金的一项分类来完成。并没有一种资产向另一种资产的直接转换,但是假定先收到货币资金,并立即付出。因此,存货的赊销被描述为货币资金的出售和货币资金的借出。

买主/Mdse

成为

现金/Mdse

买主/现金

130. 大量交易通过货币资金发生,可以分为两类:一类是货币资金收入,另一类是支出。现在不对其进行研究,我们也可得出结论,除了货币资金本身以外的资产,被认为是

---

① 原著缺此段。——译者

耗用了资金,而负债和所有者权益则是获得了资金,即为资金的来源。资产负债表的借方可以转化为货币资金支出表,而贷方可以转化为货币资金收入表——一张相反的货币资金报表①。

131. 利用表23中的数据,我们可以将其转化为表26。

表26　琼斯·史密斯公司资产负债表

货币资金支出		货币资金收入	
存货	$39 249.38	詹姆斯·琼斯	$47 645.62
应收票据	7 000.00	威廉·史密斯	23 822.81
个体债务人	24 095.32	应付票据	8 000.00
不动产	10 000.00	个体债权人	5 465.35
未付余额	8 589.08	抵押贷款	4 000.00
	$88 933.78		$88 933.78

假设琼斯·史密斯已对公司财务部付清其总额,公司也已如上所示借入8 000美元、5 465.35美元和4 000美元。随后公司以货币资金购买获得了各项资产,以取代私有财产,公司债务也取代了个人债务。但仍存在一个8 589.08美元的货币资金余额。

132. 货币资金理论应用于企业的资产负债表(表24)将会解决许多问题:

这些现象提供了如下貌似合理的解释:

---

① 对货币资金账户的特别研究,详见附录,专论A。

表 27　琼斯·史密斯贸易公司资产负债表

负债 （货币资金收入）		资产 （货币资金支出）	
实收资本	$60 000.00	存货	$39 249.38
资本公积	11 468.43	应收票据	7 000.00
应付票据	8 000.00	个体债务人	24 095.32
个体债权人	5 465.35	不动产	10 000.00
抵押贷款	4 000.00	货币资金余额	8 589.08
	$88 933.78		$88 933.78

（1）英国会计通常将资产（货币资金支出）放在账户的右边，这是货币资金报表的本质形式。

（2）在第九章中，我们会提到，所有权账户通常会在负债账户前列示，企业至少要首先通过股票支付的货币资金得以形成。通常这会受到支票支付的影响，两边同时抵销或背书，但形式是可观测的。

资产	负债	所有者权益
财产	财产抵减项	净财产
对他人的权利	对他人的义务	资本公积
资产	负资产	净资产
已付出的服务	已收到的服务	超额供给服务
预期收到的服务	预期付出的服务	超额应收服务
资本	借出资本	自有资本
货币资金支出 货币资金 企业债务人	货币资金收入来源 企业债权人	

（3）货币资金在资产明细上列在最后，这被认为是未耗尽余额。

133. 另一理论假定一个"企业"实体作为媒介。所有资产都属于企业，企业拥有包括所有者权益的全部"负债"。这是我国被最普遍接受的理论，它具有以下优点：认为所有者可能还有其他现有账户未披露的，多于企业价值的投资。但是，我不清楚其对于所有者权益包含于负债中的假定。显然，企业与其所有者和资本家的关系不同于其与其他债权人的关系。在提到所有者时，用"拥有"比"应付"更合适。

134. 前文显示了资产负债表三部分基于不同出发点的不同分类。

第九章　抵销和附加

补充账户及其目的—资产的抵销—资产的附加—所有者权益的附加—很少披露的所有者权益的抵销

135. 有些时候，出于某种特殊的原因，需要将资产、负债和所有者权益账户分为两类，以列示两种不同的估价方法。补充账户被称为主要账户的抵销账户和附加账户，因为这些账户是对主要账户金额的增减。

136. 我们以一套一年前购置的花费 130 000 美元的机械设备为例。预计在若干年后，该项资产的价值将会减少，即从 130 000 美元减至 0，且预计该项资产第一年的折旧为 20%，即 26 000 美元。如果期望保留资产原始成本 130 000 美元的记录，同时反映其现值 104 000 美元，则可通过余额相反的两个账户来达成：

机械设备成本 $130 000　　　　折旧 $26 000

虽然折旧经常被列示在负债中，但折旧不是负债，而是资产的抵减项。在结构正确的资产负债表中，折旧不被列示或以如下形式间接列示：

机械设备

成本 $130 000

折旧 26 000 $104 000

137. 在第 7 章中,我们曾经讨论过不动产和其抵押贷款的关系。有两种形式列示该账户：

(a)不动产	$10 000	抵押贷款	$4 000
(b)不动产净值：			
价值 $10 000,抵押贷款			
$40 000	$6 000		

在案例(b)中,被减去的 40 000 美元类似于抵减项,而在(a)中被看做负债。

138. 可以看出,在这一问题上,并不是忽视这两种形式的不同,而是事项本身存在差异。如果所有者以抵押贷款购入该项财产,不能将其作为负债,而将其列示为真实资产权益的抵减项是恰当的。然而,如果他付出了价值 40 000 美元的股票,将抵押贷款列示为实际负债更为正确。

139. 为了方便,抵减账户按现时状态列示,在资产负债表日,须用其抵减资产额。附加账户不像抵减账户这样复杂,它们可以直接列示在表内,或者增加资产额。

140. 我们以债券溢价发行的例子来说明资产的附加账户。若债券面值为 75 000 美元,溢价为 6 131.79 美元,则需列示其面值和总成本 81 131.79 美元。因此,需要建立两个

账户,而在资产负债表中,可列示两个账户,或它们的和:

(a)债券面值　　　　　$75 000.00

　　溢价　　　　　　　6 131.79

(b)债券成本　　　　　$81 131.79

141. 对于负债的抵减,我们可以以应付票据为例,该票据面值为6 666.67美元,利率为5%,期限为3个月。需要设立账户披露其面值(其真实价值在距今3个月后才会付出),其实际过程也是如此。这通过设立利息账户,即应付票据的抵减账户来完成。实际价值为6 583.34美元,这是3个月开始时的金额,3个月过后,该项负债到期的金额为6 666.67美元,以账户列示其情况如下:

利息 $83.33　　　　　　　应付票据 $6 666.67

许多簿记人员将此利息看作损失,而不是逐渐的"应得"。实际上,至少在理论上,应假设该项负债初始金额为6 583.34美元,并逐渐增长,增加到6 666.67美元,其总额由6 583.34美元的借款额和83.33美元的利息组成,利率为5.062 5%。

142. 表24的资产负债表给出了一个所有者权益账户的附加账户的例子。真实资本余额为71 468.43美元,但被分为60 000美元的实收资本,和11 468.43美元的资本公积两部分。

143. 同时,我们假定名义资本为75 000美元,接近

60 000美元的真实值。资本额超过真实价值的部分 3 531.57 美元可作为75 000美元的抵减，设立两个账户如下：

资本减值 $ 3 531.57　　　　　实收资本 $ 75 000.00

这在理论上是正确的，但是在实务中，很少有对资本减值的披露。通常资产都被高估以弥补这一差额，或者说，资本减值被列示为资产。通常，它们会被委婉地表达为"商誉"、"经销权"、"专利权"等。

144．这并不是舞弊，而是将潜在个人资产，即正文 84 段和 101 段叙述中的"账外"资产，以其可带来的最小收益额列示。从本质上说，还是不愿意承认其高估资产。

第十章 无力偿还

所有者权益的转换—无力偿还后持续经营的可能性—四个案例

145. 所有者权益为负值时称为无力偿还。当资产大于负债,其差额称为所有者权益或净资产;当负债大于资产,其差额称为负资产或无力偿还金额。资产负债表的会计等式为:

$$资产＋无力偿还金额＝负债$$

146. 即使是主张所有者权益是负债的一部分的人,也不会认为无力偿还金额是一项资产。然而,在实务中,很少对无力偿还状况进行披露。在上一章讲到的资本减值的案例里(正文第143段),在无力偿还的情况下,在总资产中加入了某项资产,此处的动机是相同的。

147. 收入至少与支出相等,使无力偿还金额或赤字不再上涨,从而在资产负债表中不列示无力偿还状况的情况是可能的。

甚至有可能出现收入超过支出从而缩小赤字的情况。即潜在(账外)资产弥补了赤字,此时情况对债权人有利,他们会继续该项债权。

148. 无力偿还状况及其改善能力(限制平衡)有四种可能的状况:

(1)有偿付能力并盈利。

(2)有偿付能力并亏损。

(3)无偿付能力并盈利。

(4)无偿付能力并亏损。

149. 如果债权人意识到这一状况,他们在这四种情况下的态度如下:

(1)既没有权利也没有意向干涉管理层。

(2)没有权利干涉管理层,但在可能的情况下,有意向在企业无偿付能力之前提前中止债权。

(3)有权利干涉管理层,但有意向不这样做。

(4)既有权利又有意向干涉管理层,试图更换管理人员。

150. 当真的要更换管理人员时,这一过程通过中介机构来完成,通常是代理委员会,其职责是尽可能以经营资产偿还负债。其资产负债表将不是所有者权益而是受托人权益,这一点我们稍后会进行解释。

第十一章 会 计 分 期

相等的时间间隔—较小的单位：天—主要单位：年—中间单位：月—有时是星期、季度、半年。

151. 当遇到时间变化或任何无规则的时间间隔划分时，都要用到资产负债表。但为了使一段时间所发生的业务和其他时间段的业务具有有效的可比性，这些时间间隔应该相等。因此理想的划分方式不仅要使每个时间段相等，还要求这些时间段最大限度地与人类活动相符合。因此，一天与一年是最经常被用于划分会计时间的最小、最重要的单位。

152. 天被认为是最小的会计时间单位。一天中的交易被认为是同时的，而债务是一般可完成的，不是确定的小时，而是确定的天，随意的小时。如在火灾保险和租借中，小时是特定的，它不与财务事项相适应而是指物理行为，火灾或确定的财产。

153. 从一天工作时间中的任何一个时点到第二天这个时候算作一天而不是两天。因此,天数是以当中的夜晚数来衡量的或用最后的日期减去开始的日期。

154. 计算的起始日期被排除后,确定年的合适的方式应该是"从 1906 年 12 月 31 日至 1907 年 12 月 31 日"而不是"从 1907 年 1 月 1 日至 1908 年 1 月 1 日"。后一种表达方式的真正意思是 1907 年的 364 天和 1908 年的一天,要想更好地定义它,最好说"从 1 月 1 日至 12 月 31 日,包括当天"。

155. 按照排除起始日期这种规则,同一天发生的交易被看做是发生在当天结束时点上的。资产负债表的日期有时为财务状况的起始日期,有时为结束日期。同一张资产负债表的日期可以不同地表述为:"1907 年 12 月 31 日"或者"1908 年 1 月 1 日"。我认为基于上述原因,前一种表达方式更正确,并且认为资产负债表是 1907 年的结果比认为是 1908 年的开始更有意义。

156. 在以前的一些著作中,1 个月的第一天开始时的余额用日期 0 来标明;例如,1906 年结存余额将显示为"1906 年 12 月 31 日",相同的金额在 1907 年开始被标注为"1907 年 1 月 0 日"。这是一个很别致的但是很有逻辑性的区别。

157. 日常资产负债表并不是不可知的,它必须在很大程度地依靠估计数而不是已实现的数据编制,否则偶然的波动会极大地破坏它的效用。

158. 年是会计中最平常和最自然的会计期间。一个公历年包括 1 月到 12 月,它是可供参考的最简单的期间,尽管对许多企业来说 12 月 31 日并不是一个结账的日期。通常日期被选在对企业来说业务最少的时候或者对员工来说最空闲的时候。

159. 像季度和月这种中间的单位经常被用来总结工作和与以前年度相同时间进行比较。

160. 各种资产负债表中最主要的时间单位通常是年,有时也用半年,很少用季度。居中的时间单位大部分是月份,偶尔用周,很少用季度。一种很特别的 28 天的期间有时被采用,以便包括周。当半年和季度是平衡的期间,两个半年或四个季度通常合并以显示一年的历史状况。

161. 当我有机会提及会计期间时,它将包括作为主要时间单位和平衡期间的年和作为中间单位和总结期间的月份,尽管事实上前者可能是半年后者可能是一个星期。

162. 每个月归集交易将有助于编制总账和明细账(正文第 74 段):总账可能只包含以合计数显示的月分录,而明细账包括日常的交易。总账更加简洁和概括并节省了人力。

第十二章 经 济 账 户

经营的目标—附属于业主产权账户的经济账户—它们的目的、分析—外部账户和内部账户—必须局限于所考虑的期间内—消耗性支出,既不在供应商的收据上,也不在对他们的支付票据上—以利息为例

163. 商业竞争的主要目的是增加财富,也就是增加业主产权。与增加业主产权极为相似的是增加资产或者其等价物。如正文第59(5)段叙述中所说的那样,在讨论中,我们忽视了减少负债这种情况,或者考虑了所有以增加资产这种形式而增加的业主产权,这种增加可能是由立即利用清偿的债务所带来的。

164. 财富增加的同时总是伴随着部分的减少,这种减少是对增加的抵销。但在第一个例子中,出于分析的目的,它们被分别保留。

165．业主产权账户的重要目的就是衡量财富增加的成败,并分析成败以确定原因,引导未来的行为。

166．因此,由于商业行为增加或者减少的财富并没有立即记入业主产权账户,而是记入下级账户,每一个下级账户代表着商业行为中的一类事项,例如,商品利润、利息、折扣、租金、保险、工资、费用、运费、税金,根据其本质,无论何时财富的增加或者减少在实现或被确认时将被记录在下级账户中,总体来看,我们应该称那些账户为"经济账户"。

167．由于缴入资本引起的资本增值并不记录在经济账户中,正文第 91 段给出了一个例子:Smith 缴入资本但并没有发生经济变化。

168．经济账户必须用于固定的时间,必须记住:他们是业主产权账户的下级账户,它们不允许以分析性汇总表为目的的特定记录。除非汇总表所涵盖的时间相同,否则汇总表与汇总表的比较毫无用处。发展的速率必须通过及时获得通用的分母而确定。因此,会计实务中最好的做法是一年中都非常精确地运用经济账户,并最终以净值进入主要的业主产权账户,而业主产权账户同时也等待着其下级账户的回归。

169．因此,通过一点人为的巧妙的经济账户制度,会计的最高可能就会实现。没有这里所描述的分析,根本不值得花费精力去阐述业主产权账户,至少对一个单一的业主来说是这样。如果忽略了业主产权与经济账户就形成了我们所说的单式记账法。

170. 像我们所说过的资产和负债账户都是具体账户。它们也可被称为"外部"账户,因为它们单独影响公司之外的其他人。同时,业主产权与经济账户是"内部"账户,它按照内部人的要求运作。因此,与具体的账户相比,经济账户可以得到免费的帮助。它们的分支:准备计划,完全可以由业主进行选择。

171. 这里的问题是分支是否精细,分支越精细就越安全。因为通过结合而矫正过于精细的分支比发现分支不够精细要容易,就好像容易混合酒和水而不容易分离它们一样。

172. 对于经济账户,分类账账户的普通形式将被抛弃,一些表式格式将其取代。这种格式能更有效地显示结果,借和贷的象征意义将统统被抛弃,因为比起其他类型的账户,它们并不是很相关。这些账户与负债毫不相关但体现在各自的方向上:

    损失   利润

    费用   利得

    开支   收入

    支出   收益

这些近义词都被用于各种只有细微差别的情况,但它们大体意味着：

    财富的减少   财富的增加

    接受服务   提供服务

  173. 我们可能严重地扭曲事实从而使其变得毫无价值，除非我们把实际上属于某期的经济业务包括当期的分录中，而把属于前期或者之后期间的业务排除在当期之外。否则，某一亏损的期间可能看起来是盈利的，因为其利润可能是从某一盈利更多的期间转移过来的。肯定有人会问：期初或期末有尚未进入账户的剩余资产和负债吗？

  174. 许多人认为除非收到现金，否则就没有收入，并且不支付现金就没有支出。假设公司的一项大的支出为煤的耗用。1月份购200吨煤并入库。2月份按照每吨5美元支付，耗用情况如下：1月份30吨，2月份26吨，3月份31吨。

  175. 那些认为支付现金时计入费用的人1月份不做分录，2月份分录为：

煤（费用）/现金 $1 000

这3个月的摘要将显示煤的耗用情况：

1月	0
2月	$1 000
3月	0

尽管煤在1月和3月同样耗用，但1月和3月将减轻煤

所带来的费用,并且营利性很强,但是 2 月费用就异常多。

176．其他记账人员则认为一收到煤就记录交易,支付时再记录：

  1 月 煤(费用)/煤商 $ 1 000

  2 月 煤商/现金 $ 1 000

这种方法比现金论更正确,因为它在合适的日期记录了交易,但是在分配成本时又发生一个错误,整个购煤成本全部转移至 1 月份,1 月份也就承担了所有成本,而 2 月份和 3 份月却没有成本。

177．其错误在于认为煤在支付价款或者收到时是立即耗用的。本例中真正的成本是价值消耗,剩余的煤成为资产。

178．购煤时,煤已成为一项资产。煤是因为大量的燃烧而作为费用的(参见表 28)。

  1 月 煤(资产)/煤商 $ 1 000

     煤(费用)/煤(资产) 150

  2 月 煤商/ 现金 $ 1 000

     煤(费用)/煤(资产) 130

  3 月 煤(费用)/煤(资产) $ 155

179．如果耗用煤并没有被记录,我们就需要借助于手头的存货数量表,然后推断耗用数量(参见表 29)。

表 28 – 1　煤（资产）

1月 购买 200 吨	$1 000	1月 耗用 30 吨	$150
		2月 耗用 26 吨	$130
		3月 耗用 31 吨	$155
		剩余 113 吨	$565
	$1 000		$1 000

表 28 – 2　煤（费用）

1月 耗用	$150
2月 耗用	$130
3月 耗用	$155

表 29　煤

1月 购买 200 吨	$1 000	3月31日 存货余额 113 吨	$565
		1月至3月 耗用	$435
	$1 000		$1 000
4月1日余额	$565		

180. 这是一个煤作为资产的账户，并且也是作为经济事实的煤的消耗账户，后者是由前者推断出来的。正文第178段中的第一种表述为煤的耗用情况提供了检查方法。仓库的发出量将可知，余额应该为113吨。任何这一数量的偏离都预示着错误或滥用公款。后一种表达方式中对存货并没有盘查。

181. 如果依据需求量少量地购入煤,大约 1 周 10 吨,购买量将和耗用量一致。购买煤时再将煤看作是一种费用就不会有什么大错误了。

表 30　煤(费用)

1 月 1 日 10 吨	$ 50
8 日 10 吨	50
15 日 10 吨	50
22 日 10 吨	50
29 日 10 吨	50
2 月 5 日 6 吨	30
12 日 6 吨	30
19 日 6 吨	30
26 日 6 吨	30
3 月 5 日 10 吨	40
12 日 10 吨	50
19 日 10 吨	50
26 日 10 吨	50
	$ 560

在这个未经调整的账户中,有 125 美元的错误或者有 125 美元被忽略的资产,在现代会计中,这种差错即使是十分微小的也不允许转入下期,但可以做一种调整以纠正消耗量及残余量。

182. 唯一完全正确的规则是依据支出账户或者通过日常的/消耗账户,如存货盘点或通过存货表的推断,在消耗时按照时间分摊。

183. 也许你会问,这个规则是否适用于几乎没有待售价值的物料？例如，为一特定公司设计的办公文具，也许为了雕版、印刷、捆扎等有相当多的支出。然而这将成为以销售为目的的纯损失，其价值实际低于空白纸张，因此将产生认为剩余资产不值钱质疑。但是它并不十分正确，因为以清算为目的的销售并没有价值，但它具有完全的均衡价值。如果按年需求量购买并且有足够的量能以较好的状态维持半年以上，那么总成本的一半被耗用，另一半依然是一项资产。它作为资产的价值在于使我们不再担心在未来的几个月用光它。出于这种目的，它就像现金一样优良。

184. 两种估价方法的问题经常会产生。一种是清算价值，另一种是持续经营价值。我认为在持续经营中，后者的余额将被用到，因为只有用这种方法才能正确地确定经济支出和收入。这与厂房的折旧情况不同，厂房折旧是一种正常的费用而且应该用收入以外的价款支付；这种情况下，当前厂房的价值在实现用途的过程中被"转移"。

185. 预付租金是一项有效资产。无论它在清理时是否具有出售价值，不支付更多的钱而在一定时期内占有房屋是正确的。这就是合同的剩余部分，在此合同中承租人履行了大部分而出租人只履行了一部分。

186. ①

---

① 原著缺此段。——译者

187. 格外需要注意的是,在那些经济部门中,价值是用时间单位(如利息和租金)而不是数量单位(如煤和天然气)衡量的。

188. 利息通常是半年一次用现金支付。我们以利率为5％的18 000美元的抵押贷款为例。贷款时间为从5月1日起3年。每年5月1日、11月1日支付利息。平衡期间也是半年,从1月1日到6月30日(包括当天)和7月1日到12月31日(含当天)。这是1月1日唯一的资产,举借的贷款也是在那一天。5月1日,4个月的利息将要支付,300美元将于5月1日前后到账。这是半年来所有的利息。只处理现金的簿记员将作以下经济分录:

现金/利息　　　　　　　　　　　　$ 300

3月30日的资产负债表将显示如下:

抵押	$ 18 000	业主	$ 18 300
现金	$ 300		
	———		———
$ 18 300	$ 18 300		

189. 这种结果是不正确的,它表明业主的利率为5％的投资只收回或获利了1/3。

190. 实际上,抵押贷款现在并不是价值为18 000美元的资产,其价值应为18 150美元。抵押合同不仅可以确保几年后得到18 000美元,并且可以确保按照每季度5％的利率得到利息的权利。这 150 美元就像那 18 000 美元的资产一样可以保证得到。反对者认为这 150 美元并不是应计的,并且可能永远收不回来。反对者认为 18 000 美元也不是应计的,我们应该把它从资产中剔除。

191. 与上面的利息分录不同,以下分录应该是正确的:

抵押/利息(收益)　　　　　$450
现金/抵押　　　　　　　　$300

表 31　资 产 负 债 表

抵押	$18 150	业主	$18 450
现金	300		
	$18 450		$18 450

192. 这个分录代表的事实是正确的。但在实务中,更多的是被抵押账户以面值或本金显示,并做一个赚取利息的附属分录。"应计利息"是一个很有特色的标题。它是抵押债务的一部分。分录为:

应计利息/利息(收益)　　　$450
现金/应计利息　　　　　　$300

表 32　资 产 负 债 表

抵押(本金)	$18 000	业主	$18 450
应计利息	150		
现金	300		
	$18 450		$18 450

应收利息应划分为应计利息和应付利息。这将在资产中做详细介绍,但它们的区别并不在现在讨论。

193. 在后半年中,收益为 450 美元,并且现金收入为 450 美元。但这仅仅是巧合。收到的现金 450 美元并不是本期收益的 450 美元。它是 5 月和 6 月的 150 美元和 7 月到 12 月的利息 300 美元。

194. 在现金计划中,最后一个半年抵押到期,将有很明显的收益 450 美元而不是 300 美元。这个错误与头一个半年相等并对应。

195. 与收入和支付不同,支出与收益的问题在实务中经常被提到。在市政会计中它经常被讨论。那些主张没有收到现金就没有收入的人忘记了这个原因,将使我们除了现金销售不能做任何销售记录,并且忘记了公共会计的目标之一就是用应该收到什么测试收到了什么。

196. 现金的收入与支出并不是权益的增加或者减少的原因,而是结果,虽然从时间上看它可能发生在前。经济事项的起因是提供服务或收到服务。它一旦在其他资产账户(通常为认股权中)得以具体化,就像现金一样优良。因此,把现金交易看作分录的起源是目光短浅的。

197. 如果现金报表是留存下来的一定时期内交易的唯一记录,它可能而且应该通过调整转化为支出或收入账户。起源于现金的这种账户是混合账户,包括一部分特殊账户和一部分经济账户。调整包括在账户的期初或期末插入具体的余额。

198. 例如，正文第 188 段中以交易为基础的利息账户是一个混合账户，部分代表利息的索取权，部分代表经济结果或通过利息而增加的业主权益。我们只有通过调整才能把他们区分开：

表 33　利　　息

	1 月至 6 月	收到	$ 300
	7 月至 12 月	收到	450

调整并准备转入业主权益账户：

表 34　利　　息

6 月 30 日	净收入	$450	6 月到 7 月	收到	$300
			6 月 30 日	应计	150
		$450			$450
7 月 0 日	应计	$150	7 月到 12 月	收到	$450
12 月 31 日	净收入	450	12 月 31 日	应计	150
		$600			$600
1 月 0 日	应计	150			

199. 这里所显示的净收入在两个时期应该相等，斜体字都是调整的，在期初或者期末插入特定的金额后，这个合计数就是业主所拥有的经济结果，现金的余额与第二阶段的经济结果一致纯属巧合，但正如上面解释的，它们是相等但不相同的。

200. 经济账户通常是单侧的,也就是说,它应该代表支出或收入而不是同时代表两者。像一方代表利息成本,一方代表利息收入的利息账户是混合性账户,这种账户一般不推荐。一个事项的两方记录时最好有所区别,除非它们实际上互相关联。在调整中,这种类型的混合性账户要求有双倍余额,资产转至借方,负债转至贷方。

经济账户应由组成经济计划的日常支出和收入组成。反映这些账户时必须作调整。例如,在一些企业中,坏账所带来的灾难性的损失令人难以置信。这就使得一个特别的分录构成了这个科目。另一方面,在其他类型的企业中,现行经济账户中要求有"坏账"这一科目。作为企业的正常事件,这里有三种方法可以处理这一毫无价值的账户:①全部转入这个账户;②仅仅用一些标记标出它们,贷记一个抵销账户;③以一般的抵销经验百分比贷记一个储存量。

201. 如果账户的名称可以通过格式反映出它们是特定账户还是经济账户,那么将是十分理想的。因为任何一个经济账户都可能给出具体的余额,并且几乎所有都可以给出一个经济余额。所以在账户名称上使其有所区别并不容易。但有时这样做是非常有用的。例如,利息账户,应收利息、应付利息、应计利息是资产或负债,通过利息成本和利息收入这种经济账户可以很清楚地被区分开。

第十三章 经济摘要

经济账户转到产权账户的中间账户—这个账户有许多名称—以利润和损失账户、交易账户和分配账户为例—非技术形式的报表—列表式格式

202. 在结账时期,已经减少到最简化项目的经济账户,必须转至业主产权账户,就好像经济账户是衡量众多影响因素的影响效果的储藏所,并定期转入一个更大的储藏所。但在众多因素中有积极因素也有消极因素。如果有一个中间账户就会很方便。这一中间账户就是所有结果的摘要。从这个二级账户可以得到分配到业主产权的结果。有时甚至这个也不能直接得到,而是通过三级账户得到。仅仅是为了分配这一目的。内部账户的自由性(已提到)就是说只要可以使一段时期的经济历史更加清楚,任何方法都可以允许使用。

203. 我所称作"经济摘要"的二级账户在实务中有各种名称：利润和亏损、亏损和利得、营业支出和收入。

"利润和亏损"是最常用的名称，它有两个缺点。第一个就是这两个名词的顺序。正如我们从左到右这样写，利润被放到左边，然而右边是所有利润转入的方向。有人称应取代：

我认为这是一个有趣的反对意见。词语的顺序应依照人们的偏爱和期望而不是故意在每个方向使用有区别的标题。

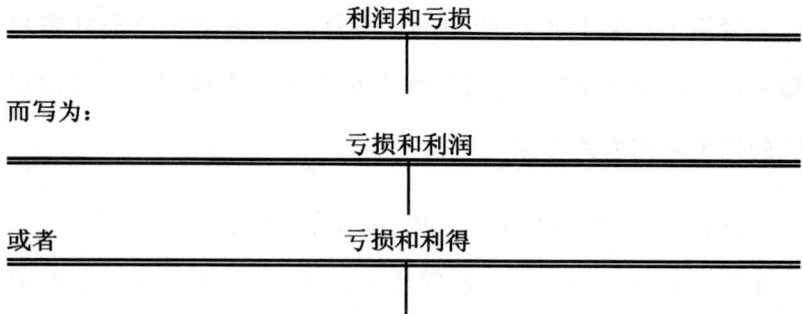

204. 第二种反对意见是这种账户的借方不应是"亏损"而应是必要的，不应只期望收回成本的投资。他们按支出估价同时期望日后有收益。出于这种原因，"支出和收入"将是一个合适的标题。这一标题与账户两方位置一致，并预示支出总在得到收入以前发生。

205. 我们可以考虑"利润和亏损"账户这个标题。然而，并不是指其组成项目。而是指其最后结果，结果是盈利和亏损。在这个意义上，这个经典的标题是完全合适的。

206. 在期末，以一种可以理解的形式反映企业事务，如下论断很有必要：

期末资产负债表显示了当时的经济状况。

一定时期的利润和损失账户显示这一情况是如何得到的。

还有一种表述：

期末资产负债表上包含期初资产负债表。

各种明细表给出了前述单据的内容的详细情况。

207. 我们以 John Mercantile 公司的业务为例，该公司 1906 年 12 月 31 日的资产负债表在正文第 94 段显示。我们将历史延伸至 1907 年 12 月 31 日，并显示当日的资产负债表和利润损失账户。以下就是人们认为很可取的经济账户：

销售：该账户的贷方按照售出价格记录售出商品的数量。通常在销售账户只记录本月的总额。各个清单则记录在销售账簿中。该账户的借方按年合计数或月合计数登记销售货物的成本。不同的是销售利润。它记在销售账户的借方和利润损失账户的贷方。这里余额为 15 520.66 美元。公司已向顾客提供了搬运库存货物到公司，整理已选货物，雇用销售人员陈列货物，使公众熟悉它们的货物的品质并最终送货上门等服务。为这些服务所提供的支出都包括在销售利润 15 520.66 美元中。

这利润中包含的一些服务必须支付费用，这样就减少了公司的盈利程度。

工资：为提供服务的公司雇员的直接支出。利润亏损账户的借方4 000美元。

交付：为速递公司和运货人员的支出。借方987.56美元。

运费：这已经包含在货物成本中，所依据的原则是我们把货物上架前的所有支出都列入成本。它是一种销售费用。

保险：公司为预防货物和仓库火灾支付保险费169.5美元。

利息成本：为抵押或者票据贴现支付利息387.5美元。

税金：由房地产估价得到的年税金为151.42美元。

修理：与房地产相似的费用232.19美元。

燃料：此账户中必须像正文第178段中给出的例子一样有剩余。实际消耗余额为365美元。

照明：经过计量，本账户没有剩余，整个余额为279.5美元。

供应：本账户依然没有余额。因为公司从库存中提取供应品。按要求的成本价收费。借方463.84美元。

208. 除了销售利润，还有其他一些收入必须列入利润亏损账户的贷方：

利息收入：年中按6％的利率，5 000美元产生150美元的利息。也许有人会问为什么利息收入和利息成本账户不合并为单一的利息账户,而是借方387.5美元,贷方150美元。这种方法可能用到或经常用到。但实际上这两种利息账户是没有关系的。它们之间的差额237.5美元没有意义。

租金收入:公司出租办公楼的一部分,年租金240美元。

209. 将这些账户的金额转入利润亏损账户,将得到净盈利或业主产权的增加8 374.15美元。其分配将在第二部分显示。

这种对经济摘要的再划分是现代英国会计师的一种非常有用的发明。

表35 利润与亏损

支出		收入	
工资	$4 000	销售利润	$15 520.66
运费	987.56	利息	150
保险	169.5	租金	240
利息	387.5		
税金	151.42		
修理费	232.19		
燃料	365		
照明	279.5		
供应	463.84		
	$7 036.51		
净利润	8 874.15		
	$15 910.66		$15 910.66
股利,每股10美元	$6 000		
转入盈余	2 874.15	净利润转入	$8 874.15
	$8 874.15		$8 874.15

210. 资产负债表余额如下:

表36 资 产 负 债 表

1908 年 1 月 1 日

现金	$7 643.59	债权人	$5 745.83
债券	5 000	应付票据	7 000
商品	44 262.83	应付抵押	4 000
应收票据	5 250	应付股利	6 000
债务人	24 826.99	负债总计	$22 745.83
房地产	10 000		
燃料	55	股本	60 000
应计利息	50	盈余	14 342.58
	$97 088.41		$97 088.41
	232.19		

在以上资产负债表中,将权益账户放在后面是一种很自然的顺序。同时,它也允许插入负债总额。

211. 正文第209段描述的利润亏损账户给出了正确的余额,但在许多方面仍受到批评。它并没有显示出买卖过程中产生的利润与和购买商品无关的证券利息之间的区别。它也把维持房地产的成本同商品支出相混合。

如果我们在这方面进行改革,以便排除以上反对意见,在建设经济摘要过程中它将十分有用。

212. 首先我们应该开设一个营业账户,排除所有不属于商品推销业务的项目。

213. 至于房地产分录,基于以上考虑,可以看出财产的所有权为我们节省了租金。与房屋有关的保险、税金、修理费、抵押利息,所有这些都是租金的替代物。此外还有 6 000 美元的产权。如果我们借 6 000 美元,我们需按 6% 的利率支付利息。我们开设一个房地产费用账户,将以上支出通过以下分录全部转入该账户:

房地产费用/保险(房地产)　　　　　$ 70

房地产费用/利息成本(抵押)　　　　$ 300

房地产费用/税金)　　　　　　　　　$ 151.42

房地产费用/修理费　　　　　　　　　$ 232.19

房地产费用/利息收入　　　　　　　　$ 360

另一方面,我们并没将自己的经营场地全部用到,而是租出一部分,租金为 240 美元。这就减少了 240 美元的租金成本:

租金收入/ 房地产费用

当以上分录过账完毕,房地产费用将显示如下:

表 37 房 地 产 费 用

保险	$ 70	租金	$ 240
抵押利息	300	转入利润亏损账户	873.61
税金	151.42		
修理费	232.19		
权益利息(估计)	360		
	$ 1 113.61		$ 1 113.61

取代了租金的房地产费用,减少为单一项目 873.61 美元。借方的最后一个分录并不是实际数而是估计数。这个

假设数人为地加到利息收入上，同时也加到租金成本上面。这种变动并不影响最终结果或净增加值。这种变动应该很谨慎地有节制地使用。

214. 现在，我们设立一个营业账户，一个一般的利润亏损账户和一个分配账户。为了举例方便我们假设该账户连续，仅结转余额（见表38）。

215. 这种以高度技术性形式显示的格式对于公众和利益相关者来说，没有正文第39段叙述中分析性的报表那么适用。

216. 当有必要时，簿记应①，以至于每个经济账户的各个项目可以每月归集入业主产权以便过入该账户，而不应列示每个小项目（见表39）。此后每月均归集在这些账户中比在具体账户中重要，并且在总额转入最终账户前也有可能消除更正和抵销。这样做以后，支出和收入可以用列表式或大纲式格式显示。

217. 这种表式格式假定按表40或表41的顺序显示。

218. 为了在任何情况下均可实施这项计划，将有可能需要引入调整的特殊行或列。但这种一般的横向或纵向的增加比传统格式中许多分散账户而言将对业务过程有一个更全面的反映。

----

① 原著中此处缺单词——译者注。

表 38　营业账户、利润亏损账户、分配账户

借	1907年		贷
工资	$4 000	销售利润	$15 520.66
运费	987.56		
保险（股票）	99.5		
利息	87.5		
燃料	365		
照明	279.5		
供应	463.84		
房地产	873.61		
	$7 156.51		
利润转入	8 364.15		
	$15 520.66		$15 520.66
分配	$8 874.15	营业账户转入	$8 364.15
		利息	510
	$8 874.15		$8 874.15
股利	$6 000	利润亏损	8 874.15
盈余	2 874.15		
	$8 874.15		$8 874.15

表 39　经济账户摘要

起始页	1907年	
销售毛利润		$15 520.66
支出：		
工资	$4 000	
运费	987.56	
股票保险	99.5	
燃料	365	
照明	279.5	
供应	463.84	
利息	87.5	
租金中的房地产费用	873.61	
总额	$7 156.51	$7 156.51
净交易利润		$8 364.15
投资利息（包括房地产权）		510
总收入		$8 874.15
分配：		
股利，600 股每股 10 美元		6 000
盈余账户的增加		$2 874.15
期初盈余余额		11 468.43
期末盈余余额		$14 342.58

表40　1907年,支出

	1月	2月	3月	4月	5月	6月	7月	8月	9月	10月	11月	12月	总额
工资													
运费													
保险													
燃料													
照明													
供应													
……													

表41　1907年,支出

	工资	运费	保险	……	总额
1月					
2月					
3月					
4月					
5月					
6月					
7月					
8月					
9月					
10月					
11月					
12月					
总额					

第十四章 试 算 平 衡

平衡测试—排列顺序—从试算平衡表中得到的会计师的粗略的报表

219．在任何分类账户中，如果到一特定日期所有交易都已完全并正确地过账，那么借方金额与贷方金额必定相等。从资产负债表中取得的期初余额也处于平衡状态。正如第四章讲到的，每笔交易在两个方向上增加的金额相等。

220．如果几个账户的余额是确定的，它们同样也将相等。因为在两个方向上都有余额的每个账户中，平衡的过程在于坚持在每个方向上取消相等的金额，这不会影响到整个系统的平衡。

221．总额的相等依赖于计算原则，也就是把相等的数加到相等的数上则总额将相等。余额相等依赖于同样的原则：相等的金额中减去相等的金额余额也应相等。

222. 然而,如果发现总额的合计或余额不相等,则在分类账的内容中或加总过程中必然存在错误。但不相等表示一定有错误,相等却不表示一定正确。因为有可能在借贷双方存在着相等的错误金额。

223. 每个账户借方总额、贷方总额列表或借方余额、贷方余额列表被称为"试算平衡表",主要是用来检测正确性的。许多人仅仅出于这种目的用它,但是它也可以用于其他方面并可取代中期资产负债表。

224. 详细记录了分类账后就要进行试算平衡。正如我们今后要讲到的,在最完美的系统中,许多交易仅仅过账过了一半。交易中的一项保存到月底并过入总额中。它遵循着这一原则:试算平衡的最佳日期是月底。

进行试算平衡时,推迟所有过账是非常普遍的。但通过在最后一笔分录作上特殊标记这种方法,过账惯例就不会被打破,就不存在旧事项影响新事项的问题。以此为目的,三栏账就是十分方便的。

225. 试算平衡表的一般格式如下:

表42 试算平衡表

页码	名称	借	贷

借栏或贷栏可以用总额填列,也可以用余额填列。

226. 通过附加的成对出现的以"借"、"贷"为标题的栏，几个月的试算平衡表可能都显示在相同的页码上。这样就省去了重写数字和账户名称的麻烦。

227. 为了防止进行试算平衡时遗漏账户，通常最好的做法是按照分类账中的顺序使其进入试算平衡表。如果这种顺序没有条理性和逻辑性，那么进行试算平衡时就没有什么用处，除了测试过账的机械准确性。在现代这种由活页纸和活页卡片组成，允许转移和重排的无约束的分类账中，分类账可以按照准确的顺序保存。然而在有约束的账簿中，除非浪费空白纸张上的许多地方，否则填满并转移到下一页必然会给它带来或多或少的混乱。

228. 有人认为，按照字母顺序排列账户更可行。这样可以从索引中找出名称和页码，然后按照账户金额填列。

229. 和资产负债表一样，存在一种试算平衡表的附属分类账系统。它可以通过仅录入合计数而变得简洁。附属分类账有自己的附属试算平衡表。这可以证明过账的正确性。即使不存在这样一个附属分类账系统，总计数也可从由同类的所有账户编制的试算平衡表中得到，在一个清单或一览表中只有合计数，如果它出现在试算平衡表的一行中。

230. 我们将给出一个按字母顺序排列的简明试算平衡表的例子。这张 Jone Mercantile 公司的试算平衡表与正文第 210 段叙述中所用资料相同，而且同时列出了总额和金额。

231. 与正文第210段叙述的资产负债表的余额栏对比后,可以看到它们本质是相同的。在进行试算平衡之前,在库燃料账户作了小小的调整。唯一的区别是经济账户以金额显示而不是结转入盈余,但它们确实是盈余账户的附属账户和抵销账户。

232. 如果会计师被要求立即给出一个粗略的财产状况报告,如果手头有试算平衡表的话,他会删除经济账户然后将其转入报告中的资产和负债(参见表43)。

他将删掉所有的经济账户(以"＊"标记)和权益账户(以"∧"标记),并将余下的数值加总就形成了以下报告(参见表44):

在第210段的资产负债表中,我们加总得到:

股本	$ 60 000
盈余	14 342.58
应付股利	6 000
总额	$ 80 342.58

差额55美元就是已经调整的在库燃料的数值。

233. 当与试算平衡表不符时,预防、检查、更正已知存在的错误自然是下一个要处理的问题。但出于实际原因,最好将其推迟到更充分地讨论账户整理之后再予以考虑。

表 43 试算平衡表 Jone Mercantile 公司

1907 年 12 月 31 日

页码	科目名称	总额 借	总额 贷	余额 借	余额 贷
	应计利息	$450	$400	$50	
	应付票据	3 000	10 000		$7 000
	应收票据	6 750	1 500	5 250	
	债券	5 000		5 000	
	^股本		60 000		60 000
	现金	54 696.5	47 052.91	7 643.59	
	*在途存货	987.56		987.56	
	应付股利				
	*燃料	420		420	
	*保险	169.5		169.5	
	*利息成本	387.5		387.5	
	*利息收入		150		150
	*照明	279.5		279.5	
	商品	126 842.11	82 579.28	44 262.83	
	应付抵押		4 000		4 000
	房地产	10 000		10 000	
	*租金		240		240
	*修理	232.19		232.19	
	*工资	4 000		4 000	
	*销售	82 579.28	98 099.94		15 520.66
	*物料	463.84		463.84	
	^盈余		11 468.43		11 468.43
	*税金	151.42		151.42	
	客户分类账余额	24 826.99		24 826.99	
	债权人分类账余额		5 745.83		5 745.83
		$321 236.39	$321 236.39	$104 124.92	$104 124.92

表 44

应计利息	$50	
应付票据		$7 000
应收票据	5 250	
债券	5 000	
现金	7 643.59	
商品	44 262.83	
应付抵押		4 000
房地产	10 000	
客户分类账	24 826.99	
债权人分类账		5 745.83
资产总计	$97 033.41	
负债总计		$16 745.83
净值		$80 287.58

第十五章 日 记 账

日记账：一种临时性的账本—以前被认为是过账的必不可少的唯一的来源—是对经济业务的分析过程—是日记账账户的集合—通过日记账来平衡各个分录—对于某些分录来说日记账的作用很大—日记账逐渐消失—辅助账簿—以月为周期的辅助账簿—延迟过账—整个日记账的瓦解

234. 很久以来我们都只研究账户，事实上，广义上的账户是所有簿记程序存在的目的，其余的要素都是为辅助其而存在的。现代会计倾向于使所有的会计记录都充分发挥账户的功能，而没有任何临时的操纵。但是一直到19世纪的某个时期，所有分类账中的分录都是从一种被称为日记账的临时性账簿中转过来的，所以在一个由借方和贷方构成的分录中，相同的金额要写四次，即：两次写在日记账，两次写在分类账中。通过对记录方法的巧妙改善，现在同样的信息至多只需提供两次。

235. 然而,最初甚至日记账也不是原始记录。在日记账之前还要先登记"每日账"(day book),这种每日账记录了交易的发生,但是没有采用后来产生的借贷记账法。然后每日账中的记录被过入专门的表格中,这个过程也可以叫做"记日记账"(jounalized)。当时记日记账被认为是一项重要而困难的工作。最后,日记账中的分录才被正式地过入分类账中某个账户的借方或贷方。

236. 在很长一段时期,每日账、日记账和分类账这三本账簿被认为是必不可少的。人们认为如果没有这三本"主要账簿"就没有复式簿记,其他所有形式的记录都是这三本账簿的辅助。如今,在实际工作中已经没有人使用每日账了,日记账几乎也很少被运用了。现在,在一些文件、凭单等资料上,几乎都看不到原始分录了。这些用于记录正常的主要交易的文件多以事先制定好格式的空白打印件形式出现,它的格式决定了所记载的交易记录应当过入账簿的哪个账户,应登记在哪个地方。这在现代企业中是可行的,现代企业分工明确,一名员工只负责其中的某一种或几种形式文件的登记工作,这样的工作方式就使分录自动地记入日记账中了。

237. 确切地说,日记账不是一个记录账户的账簿,而是把分录分离开之后,再形成账户。在最初形式的日记账里,几个相同分录的金额甚至没有加在一起,但是最后总额也自动被记录了。

238. 在第四章里,我们对经济业务进行了分析说明。日记账分录即表达了这种分析结果。日记账分录首先写借方的科目名称,接着写贷方的科目名称,这两个部分通常用"Dr. To"隔开。

因此,一项赊购商品的经济业务在日记账中记录如下:

  56   商品 Dr.
397   To   A—B— $……
       以 $…… 的价格购买……
       以 $…… 的价格购买……

左边的数字(56,397)分别说明了这笔交易在"商品"这个账户和"A—B—"账户中的页码数。

239. 复合分录是指那些不止包含一个借方项目或不止一个贷方项目的分录。复合分录通常用"杂项"(sundries)字样注明,因此是很容易区分的。所以,如果借方是"现金",而贷方有"应收票据"和"利息"时,分录如下:

    现金 Dr. To 杂项
        以带利息的应收票据的方式出售商品 A—B—
$
  $ To 应收票据
<u> $</u>   利息
  $

以上分录的形式其实是不太实用的,尤其是当分录中的借方账户的金额和总额相差很多时,问题就显得很棘手了。更加先进的日记账形式就好多了,这种形式的分录有借方和贷方两个各自的金额栏,在这种分录中可能有也可能没有"杂项"字样。

现金　Dr. （杂项）　　　　　$
　　To　应收票据　　　　　　$
　　　　利息　　　　　　　　$

240. 通过分别记录借贷方各自金额的方法,利用总额有助于检查日记账的所有内容是否已经全部过入分类账,而前面那种方式的分录很可能在过账过程中被遗忘而无法检查出来。如果日记账已全部过入分类账,那么分类账的总额和日记账的总额是相等的。但是,要做这样的检查,我们应当选用总额试算表,而不是余额试算表。

241. 根据严格的日记账原则,每一个登入分类账的借方或贷方的分录都必须严格地根据日记账的内容,不能作任何改变。即便是冲减某个账户的余额也要遵守以上的原则。这样的分录就会出现重复:

史密斯和约翰,老账户,Dr.
　　To　史密斯和约翰,新账户

或者:

布朗和罗宾逊,新账户,Dr.

　　　　To　布朗和罗宾逊，老账户

这样的分录过账时账户的名称不用重复写，如下所示：

Dr.	史密斯和约翰	Cr.
To 新账户…… …		
	…	…
	By 老账户	…

当然，借方余额会相应地减少。

242. 日记账登记的另一个结果是利用余额账户编制的普通的余额表。所有的资产账户转化为余额账户都是通过日记账实现的，因此，有以下的分录：

　　　　　余额　　Dr.
　　　　　　To　　商品

同样的，每个负债类或所有者权益类账户的过账也都要根据日记账中的分录，如下：

　　　　　应付票据　　Dr.
　　　　　　To　　余额

　　　　　应付票据　　Dr.
　　　　　　To　　余额

243. 显然把日记账中的分录以"余额"为账户名称过入分类账中之后，就会在分类账的某一页上形成一张余额表。英国以外的世界大部分地方的余额表都是这样的，这种余额表的形式和在前文第 79 段和第 80 段的叙述中提到的形式不一样。

244. 通常,这样的处理方法被认为是足够可以解决问题的。如要重新启用这些账户,只要把"余额"账户和对应的账户做一个与当初结账时相反的分录就行了,这一点已在前文第51段中提到过了。但是也有一些人认为这种缩略的方法不合适并坚持应当以日记账分录的形式保留账户余额。但是不能笼统地称为余额,而应当分开设置两种余额账户,即"结账余额"(closing balance)和"启用余额"(opening balance)。即使后者通常仅仅是前者的一种延伸,且往往两者是列在同一行的,但也有必要将它们区分开。启用余额账户出现在英国的余额表中,在这种格式下,资产是列在右边的。

245. 当每个单独的账户都需要一个完整的分录时,前文第242段中所示的关于结账余额的日记账分录就显得有些冗长、繁杂了。因此为了减少在这上面的人力,复合分录"余额 Dr. To 杂项"和"杂项 Dr. To 余额"就被引入了。借助这种复合分录后的结果可以看下面的结账分录,前文第76段中,余额表中余额账户的形式就是由此分录引出的。

余额 Dr. To 杂项	$ 51 645.62
To 现金	$ 3 506.74
商品	22 166.73
个人债务	15 972.15
不动产	10 000.00

杂项 Dr. To 余额		51 645.62
抵押借款	4 000.00	
James Jones	47 645.62	

启用余额的分录则刚刚和以上的借贷方向相反。

246. 现在，假设我们把这些项目过账，那么余额账户就会如下：

Dr.		余额		Cr.
To 杂项	$ 51 645.62		By 杂项	$ 51 645.62
To 杂项	$ 51 645.62		By 杂项	$ 51 645.62

其实这个账户是没有什么实质作用。它没有给出应当由日记账提供的任何信息，确切地说，这个账户不能起到参考作用而是作为登记分类账的材料而存在的。

247. 基于以上原因，那时有些簿记员把"余额"账户全部放弃不使用就不难理解了。他们用一个"杂项 To 杂项"的分录代替，如下：

结账分录

杂项 Dr. To 杂项

抵押借款	$ 4 000.00	
James Jones	47 645.62	
To 现金		$ 3 506.74
商品		22 166.73
个人债务		15 972.15
不动产		10 000.00

             启账分录
             杂项 Dr. To 杂项

现金 $ 3 506.74
商品   22 166.73
个人债务   15 972.15
不动产   10 000.00
    To 抵押借款 $ 4 000.00
       James Jones   47 645.62

248. 因此,我们可以发现,起初分类账中有"余额"账户,但作用很小,最后终因不方便而被废除不用了。但是一些对日记账格式的修改也是能克服这个缺陷的,从而使余额账户成为一张有真正意义的余额表。

249. 最有效的修改方法是把各账户的名称放在中间,但不独占一行,把数字写在外面。利用这个方法,余额表的各个组成部分就都被详细地过账了。

这种形式的日记账比先前的更紧凑也更容易理解,所以以后它被普遍采用。

表 45

余额 Dr.	Dr.	账户 12 月 31	Cr.	余额 Cr.
$ 3 506.74	余额	现金		$ 3 506.74
22 166.73	余额	商品		22 166.73
15 972.15	余额	个人债务		15 972.15
10 000.00	余额	不动产		10 000.00
4 000.00		抵押借款	余额	4 000.00
47 645.62		James Jones	余额	47 645.62

250. 然而,对于余额表账户,在日记账上作结账分录是否有用还存在疑问。在衡量了过账的准确性和过账过程的价值后,余额账户可以简单地被减少,并在余额表的适当地方列示。

251. 日记账内部的某些过账还是有作用的,比如:

(1)偶然从一个账户转入另一个账户,这种经济活动不是经常发生的。

(2)关于公司和资本的初始分录。

(3)对粗略估计入账的价值的调整。这种调整常常会把特殊价值变成经济价值,或把经济价值变成特殊价值。

(4)把经济账户结成一个汇总账户、利得和损失或者是购销账户。

(5)利润分配。

252. 上面的(3)、(4)、(5)三种情况可以利用日记账登记一些内部业务,结果产生一个购销账户。

(1)某一个账户内的分配,而这种账户通常是经济账户。

$55.00　燃料,新账户　　燃料,老账户　$55.00
　　　　　　作为库存存货的燃料

$50.00　利息,新账户　　利息,老账户　$50.00
　　　　　　已获取但尚未获得的利息,等等

这里关于"老账户"的分录的作用是增加各个账户的净

收入的金额。

（2）为了说明以租金形式出现的成本的经济账户,这种分录已经在正文第213段中说明过了。

（3）所有经济账户转为一个汇总账户:

$15 520.66	销售收入	经营	$15 520.66
4 000.00	经营	工资	4 000.00
987.56	经营	运费	987.56
99.50	经营	保险	99.50
87.50	经营	利息	87.50
365.00	经营	燃料	365.00
279.50	经营	照明	279.50
463.84	经营	供应	463.84
873.61	经营	不动产费用	873.61

对所有与商品相关的支出和收入账户进行结转:

| $8 364.15 | 经营 | 利得和损失 | $8 364.15 |

结转"经营"账户

| $510.00 | 利息 | 利得和损失 | $510.00 |

与主营业务无关的利息收入:

| $8 874.15 | 利得和损失 | 利润分配 | $8 874.15 |
| $6 000.00 | 利润分配 | 应付股利 | $6 000.00 |

12月27日公告股利分配方案(每股分配股利$10):

| $2 874.15 | 利润分配 | 盈余 | $2 874.15 |

最后结"利润分配"账户。

253. 通过对比以上的分录和在正文第 209 段中的分录，我们可以发现日记账的作用可能已大大地削减了，因为它的功能仅仅是分析，或者说日记账是信息重新组合、记录的地方，而没有记录任何新的业务或事实。宣布股利分配情况是唯一有重要意义的，因为这是在股利分配发生时记录的；除此之外的过程都只是账户本身的数学运算过程。

254. 从包含了每一项交易信息的最初的日记账，我们可以逐个地追寻日记账发展、演进和最后消失的过程。

255. 当每日账中的内容逐日地过入日记账中以一种技术语言记录时，这种浓缩信息的过程的第一步很可能是把同一类的交易组合成一个复合分录。如果在某一天有 4 个人用赊购方式购买货物时，分类就会是这样的：

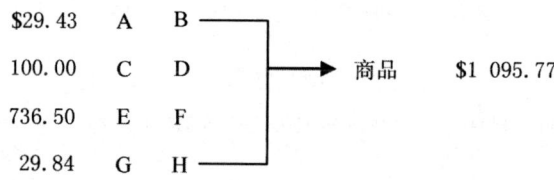

而不是：

$ 229.43	A	B	商品	$ 229.43
100.00	C	D	商品	100.00
736.50	E	F	商品	736.50
29.84	G	H	商品	29.84

这时只需要一次把商品账户过账而不需要 4 次,而且实质上一次过账的一个总额比 4 个金额更有价值。

256. 接下来的第二步是把每日账分解为若干个特定的账簿,比如销售账簿、购货票账簿(或确切地称为采购账簿)、现金账簿,每一种专门记录一类交易。销售账簿里的分录过入日记账时都是以借记人的名字,贷记产品(或者更后期的术语是销售账户)的形式出现。购货票账簿和现金账簿也同理,最后剩下的既没有现金账户也没有商品账户的少量交易记载在每日账中。如果存在留在每日账中的分录仍需经常调整,有必要时就会专门为此类分录设置一种账簿。

257. 这些账簿称为"辅助账簿",日记账仍被视为最重要的账簿。然而,辅助账簿上包含的信息远远比日记账多。

258. 正如人们认为把除了通过日记账以外的所有业务信息都反映在分类账中是不可取的一样,所有辅助账户的内容必须每月过入日记账中。在现金账簿中,每月会有两个很长的分录:

杂项 Dr. To 现金(Sundries Dr. to Cash),和

现金 Dr. To 杂项(Cash Dr. to Sundries)

销售账簿中得分录为:

杂项 Dr. To 商品

(或是销售)

购货账簿则是：

商品 Dr. To 杂项

259. 用这种方法，每日账只包含了少量在别处不记录的反映不常发生的业务的分录。但是当涉及个人账户时，过账工作总是会被拖延，这样就很不方便了。而这些外部账户恰恰是应当及时记录的，但总是被拖延至 1 个月以后。当过账这个工作是整体进行时，其中的某个余额就只能 1 个月以后才能更改。

260. 这种不方便促使了日记账的消失。在记日记账之前，过账在一段很短的时期内是针对分类账账户的，这种过账被认为是日常账务处理的一个组成部分。

既然辅助账户给出了一个可以直接过账的总额，很明显，日记账就变得多余了。

第十六章 过账媒介

辅助性账簿成为日记账的子目录—现在日记账涉及的范围缩小了—每日账消失了—材料的产生—账本开始分栏—产生了多栏式日记账—辅助过账过程—活页日记账—现金账作为日记账—现销

261. 如今所谓的"辅助性"账本已经变成了日记账的子目录,而不是每日账的子目录。由于账务处理例行程序的范围缩小,更好的做法是把原始账簿叫做"日记账",而把引出分类账账户的账簿叫做"过账媒介"。

262. 如今每日账已经消失了。现金账已经成为所有收付项目的一个过账媒介;销售账簿对应地是所有销售业务的过账媒介;发货票账簿则是所有采购业务的过账媒介。同样也有应收票据、应付票据日记账;退回商品(包括外销的和内部调配的);银行存款账簿、汇票账簿、利息日记账,简言之,是各种各样特定的过账媒介。在每一种过账媒介里，各种项目单独地从前一天过入后一天，到月末，再把1个月的金额加总以一个总额的形式过入该项目的反方向。这是最理想的结果，因为外部账户必须在业务发生时及时准确地记录，而为内部参考用的内部账户某月余额和月总额对说明问题就更有意义了。

263. 以下是现代企业采用的方法：首先把各种原始凭证分配到各种记录特定原始分录的特定账簿，先行消化，而不是直接根据原始凭证，把各种经济业务记入每日账中，再根据每日账记录日记账。那些辅助性账簿形成了分类账账户，反映每天交易的详细情况以及每月的总体情况；其中有一些辅助性账簿，如：现金账簿，其本身就是从其余分类账可以得出来的账户。

264. 当人们利用大量的过账媒介代替单一的日记账时，把经济业务分析反映成以借、贷为记账符号的形式与把那些具有自然属性的东西联系起来，两个账务分析过程大大地得到改善，同时还发展了另一种解决问题的途径，即在记录原始分录的账簿中另外增加金额栏反映分配和汇总。有时候这种方法被运用到继续作为唯一过账媒介的日记账中，有时候则被运用到专门的过账媒介中，这些专门的过账媒介发挥了日记账的一部分功能。因此，简化的日记账沿着两条不同的轨道发展：一条是作为单独的专门化的账簿的总领指南；另一条是单独的、专门化的数据资料的指南。

265. 从任何日记账的账页中可以看出一些主要的项目只运用到少量的账户。如果我们为那些经常变动的账户额外地增加一栏,并把所有其他项目插入在一般的账栏中加以反映,我们就可以把对此类经常涉及的账户的过账推迟到月末或我们认为方便、合适的时候。正文第 249 段表 45 这类多栏式日记账余额栏写在外面,文字写在中间,这种形式常常是十分方便的。假设现金、商品、费用和利息是经常要发生过账的,那么这个多栏式日记账的格式就变成表 46 那样的了。

266. 这里的"杂项"用来表示除"现金"、"商品"、"费用"和"利息"以外的其他一切账户。杂项的金额栏中的数字过账时要分开单独过入各个账户。为了追踪这些数字,要在那些金额栏旁边增加一个参见栏。每一页的底部都要对每一金额栏的数字进行加总,并把这个总数写在下一页的顶部。如果处理没有出错,借方的金额将与贷方金额相等。在月末,有一些特定项目的金额要首先汇总,再以一个总数的形式过账,这样做既能节省很多人力,也能节省很多纸张。

267. 除了时间和篇幅上的经济以外,日记账分成多栏的方法在记录一组相互密切联系的账户和下级账户时是相当有用的,这样就不用刻板地记两级分类账了。

例如,在表 19 中所列示的詹姆斯·琼斯公司的余额表中，我们会看到一个由大量个人债务人组成的一个项目余额时 15 972.15 美元。这是大量账户金额的总和。现在，如果在多栏式日记账中给出名为"应收账款借方"和"应收账款贷方"的两个专门的账栏，那么我们可以随时通过余额知道这些账户的总数。同时各项目也可以根据参见栏中的记录分开过账到各个账户。

表 46

借					多栏式日记账					贷
费用	商品	现金	杂项	分录	杂项	现金	商品	费用		

268. 为了在每个月月末掌握汇总余额，月初的余额应在该月总额前面列示，然后根据这两个数字得出月末的余额：

表 47

应收账款 Dr.		应收账款 Cr.	
[该月总额]		[该月总额]	
月初余额		月初余额	

把以前的余额放在账栏的底部而不是上面，我们可以更清楚分明地得出月总额。类似的方法在除多栏式账本以外的其他账簿中也是很有优势的。

269. 然而，更通常的做法是把月总额过入一个正式的总分类账户中，这将在后文中详细阐述。

270. 运用分栏原则会有过度运用的风险。如果设置的账栏太多，即使分录很少，我们也必须在分录后面把账栏都加进去，这样会产生大量没有用的数字。在账页上设置太多的账栏，必然有些栏与栏之间的距离会隔很远，这样就会使填错账栏的概率大大升高。

271. 在一个多栏式日记账中，很多空间是浪费的，因为假设分为10栏，那么平均就有十分之九的空间必然是空白的。如果我们放弃每个数字都必须准确地与其对应分录保持一致的观念,我们也可以用辅助过账程序来处理大量的账户。

272. 假设一个普通的日记账只有 2 个金额栏,但是只占用了账页的左半边而右半边留作辅助过账或分析之用。比如,一页分为 30 行,在右边设置 4 个记账栏,2 栏用来分析借方,另 2 栏用来分析贷方。这样将会有 60 行的空间可以用来记录 30 个借方项目,同样有 60 行的空间可用来记录 30 个贷方项目。因此,这样的空间是足够的,可以写下账户的名称及其期初余额。但是,辅助过账一次只能针对一个账户,而且只有当日记账账页完整时才可行。例如,我们借记现金,在账页顶部用红笔写下从上一页页末抄下来的数字,然后把每个现金的借方都毫无遗漏地过到日记账中。但最后一个项目过账完毕后,我们可以把这些借方金额加总起来用红字记录,或者留下一行待以后再做。接下来,我们开始另一个账户,比如"费用"。挑出所有与这个账户相关的借方项目。最后我们会得到包含所有信息的以账栏分类的日记账。但是通过普通的分栏,那将是固定的,紧凑的账栏,而不是散漫的(见表 48)。

273. 当涉及实时性要求比较高的日记账时,活页原则对日记账分类也是有用的。可以把每一个经常发生变化的分录另外记录在单独的一页上,当此类业务再发生时,再将另外的账页插进去,那么在每月月末时,只需要完成额外的分录,它们已经详细地实现过账了。

例如,假设根据个人债务账户计提利息是经常发生的不同分录之一。活页式日记账账页的开头应写上:杂项 Dr. To 利息。当业务发生时就应根据需要以分栏的形式记录做分录。每天都要把借方项目加以过账。当账页增加时,增加的账页插入其中,并且当复合分录完成时,金额就被加入到月末余额中。

表 48 辅 助 过 账

[左半页] left-hand page   [右半页] right-hand page

日期	日记账	Dr.	Cr.	借方分析			贷方分析
				$117.23			
				269.42			
				300.00			
				118.25			
				617.42			
				$1 422.32			
				现金			
				费用			

274. 用这种方法,我们就会得到像月度日记账一样的结果而不会耽误计划中的安排(这里所提到的计划如第258、第259段中所述)。但是对于有严格约束的账簿,这种方法可能是不可行的,因为每一种分录需要的空间不能事先确定;如果空间太多就会浪费,太小则会使分录显得混乱。现在的处理方法则具有弹性:先准备一张张的账页,写好以后再装订成册,而不是先装订再往上写。这种方法较以往有很大的进步。

275. 回头再看直接的过账媒介或者部分日记账,比如现金账簿和销售账簿,我们可以发现在很多商业行业里面,现金账也可能用来记录本应由日记账来记录的所有分录,包括正文第251段提到的那几种,因此日记账完全被废除了。现金账簿是合适的,因为现金这个账户有借贷两个方向,是一个完整的账户。虚拟收到记录在现金的一方,虚拟付款则记在另一方,与虚拟收款抵销。所以,在用存款直接付利息的银行里,通常的分录是:利息／银行存款。但是,以上那个日记账分录也可能用两个现金账分录来代替:

利息／现金　　　　现金／银行存款

就好像是银行用现金给储户支付了利息,而储户又重新把这些现金存入银行。事实上,很多银行确实是为每位存款者签发支票支付利息的,如果存款人把支票送回银行转作存款,那么这就和前面的处理方法很吻合了。用两个现金分录来代替日记账记录会产生一个问题:现金账户的借贷双方的数字都增加了相同的数量。但这并不是一个非常严重的缺陷。那些追求现金账户真实准确的细心的人会把这种分录的数据放在现金栏的外面或用不同颜色的笔标记出来，计算总额时将其排除在外。

276．当我们运用几种过账媒介时，有些分录会同时影响两种过账媒介，比如，现销时不知道销售给谁，是谁付款。这对一些簿记人员来说的确是个难题。他们想了两个办法：一种做法是根本不在销售账簿上作任何分录，而是直接过入分类账的"销售"账户。这种做法使销售账簿上的内容失去完整性，破坏了分类账中销售总额这个整体。另一种做法是另设一个账户代表现销，账户名可以为"现销"，这就可以在销售账中借记"现销"，在现金账中贷记"现销"。

但在我看来，以上的两种方法是完全没有用的，我认为根本没有必要过账。如果我们把现金账簿看成是一个"现金"账户，那么借记现金已经完成了；如果我们把销售账簿看成是"销售"账户的一部分，那么贷方金额已变化了。我们要做的仅仅是把现金分录和销售分录分别过入对方科目的分类账中。

277．任何辅助性账簿几乎都不只被看做是一个过账媒介，而是一个实实在在的账户，或者是详细的半个账户，尽管在分类账中有一个更完善的账户。当我们认为过账是从反映交易情况的原始凭证出发的过程时，以上说法尤其恰当。

第十七章 原始凭单的过账

原始记录——一种新方法,原始凭单的过账——记账凭单的价值——原始凭单过账的优点——省略细节

278. 正如我先前所提,在现代企业里,任何正常经营活动的主要记录都是记载在各种单据上的。显然,这些单据的绝大部分都具有这样一个价值:它们是一些事实的证据,形成了企业与其附属下级机构或外部交易对象之间的记账凭单。而后者的价值更大,但是当这些单据包含了承认、同意时,站在与企业相反立场的客户和下级单位的立场上看,这些单据就显得更重要了。当每个应付款人认可了自己的责任,每个收款人以书面的形式确定自己要收多少,这个时候这些单据的重要性最高。对象是付款凭单里最重要的一个元素,尤其是对审计人员来说,而且其重要性还在不断增强。眼下基本上唯一被人们认可的付款凭证是用于现付的那些。

然而，大致地说，现在已经开始有这样一个趋势：收到现金时也付出了一些其他形式的价值，并且这些价值慢慢地得到了认可。因此，人们不只需要"对现金的凭证"也需要"用现金的凭证"。举个例子，一家银行既发支票也发银行存款传票，在这里支票就是"对现金的凭证"，银行存款传票就是"用现金的凭证"。

279. 但是这并不能完全当作记账凭单来处理，尽管它们也是交易的证据。它们的作用只是我们关注的过账票据。把票据当做一个过账来源是一个最新的发展趋势。40年前，尽管存在票据，但在整个账务处理过程中只用到了一次，即将其内容写进每日账或日记账或是辅助账簿中。那时人们认为只有从账本到账本的过账才是合理的。甚至在银行里，已经把银行存款传票、汇款单、支票和汇票以"借方现金"和"贷方现金"的名称记录在账本上，但过账时是从这些拙劣的账本上过入分类账中而不是和现在普遍的做法一样从容易取得、容易控制的票据过账。

280. 记账凭单原则的完全运用会导致对每一次发生的交易都会有一张纸质凭证，甚至是那些日记账分录。如果审计人员拿得到一套完整的、排列有序的记账凭单，他就能脱离那些账簿，能证实交易是否真实地发生，账簿的结果远比以前称为"钩稽"的方法更有效，通过重新分类可以得出一个不同的，有启发性的观点。

281. 在一个完整的凭单系统里面,对每张凭单进行过账时"记入"与"消除"的区别只是分录要至少写两次,常常会更多。账簿的作用就如同是一个记账媒介。后来总是很难分清到底采用上面的哪种程序。

282. 票据或记账凭单应当在合适的地方记下表示已过账的标记,可以用一个数字,一个字母也可以作一个标记。如果有必要,某种格式的所有票据都会有一套数字用来确定交易发生的顺序;另外,当票据是外来的时,会用一个数字机制或日期机制来重新标记顺序。

283. 在实际中,从票据直接过账相对于从账到账的优点有如下几点:

(1)过账时,票据就在左手上拿着,离写分录的地方很近,这样就不必要依靠记忆了,即使是眼睛从一本账簿的某一页到另一本账簿的某一页这个短暂的时间的记忆也不用了。事实上,这么短暂的时间也足以出现很多错误,如样板与拷贝板没有同时被关注。

(2)票据可以也应当直接按分类账的记账顺序分列,这样就不用翻前翻后地找而只要直接按顺序过账。其他簿记员的很大一部分时间都浪费在了翻账页的过程上。活页账也有这样的优点,因为它也能有一个正常的顺序。

(3)由于一次只要看一张票据,抄错数字的错误就没那么容易发生了。

（4）票据可以分开，使得几个簿记员可以同时工作，而装订的账本就不能分开，过账时只能一个一个来进行。

284. 如果保存票据是一个问题，有一个好的组织票据的机制十分重要。最简单的方法是按时间顺序排列，当对参考的要求很低时这种方法也同样奏效。可以把票据打包或放在信封中，或订成小本的册子，或放在抽屉，或盒子中，当然同类的票据要放在一起。票据也可以按账户来分类。账户写在信封上而不是卡片上，该信封里装着付款凭单，这样就把过账和排列联系在一起了。俱乐部一般采用这种方法，俱乐部成员的申请凭单放在信封中，账户则写在外面，当归还款项后，信封里和信封上都没有东西了。当支付时，凭单就还给了会员，另外一个新的则重新开始。

285. 当按日期分月存档付款凭单时，往往会在一个月凭单外面加一个封面，在封面外会有一个概要记载，用来记录总分类账。封面里则是一个详细的凭单列表，供审计时查证用。

286. 有一些用作过账凭证的付款凭单，最后会作为凭单传递给别的人，像上面提到的俱乐部的票据就是如此。在这种情况下，常常会保留一份复件作为暂时的记录和参考。并且如果是用复印方法制作的摹本，那就会更好。

287. 保留票据的原件或复件常常使在账簿中记录细节变得没有必要，而只需记录数字。因此，以前的流行做法是拷贝每一份商品发票放进销售账簿中,但后来是在"采购"中只记录销售总额,而不载明详细的商品名称及价格。另外,很快地,销售总额就由一台能自动汇总的汇总器计算获得了。如果这种机器有了能打名称的功能,那么用活页的方式,基本账户(那些出现在过账媒介中的账户)就可以用这种机器过账了。

第十八章 分 类 账

一个组织系统—不完整的分类账—不完整性有时才显露出来—账户的级别—次级分类账—统制账户—在同一活页账簿中的总分类账和明细分类账—单个分类账—表式分类账

288. 前面讨论了账户的属性：它们的结构、分类、关系以及相互之间的独立性等。应当说账户还是一个相互联系的组织系统，这个系统如果完整的话就能对所有权范围内发生的经济业务做下记录。

289. 有时分类账是不完整的，这时通常叫做"单边分录"分类账。这意味着有一部分账户被忽略不记录了，因此很多分录都只能半边过账。通常这类账户是所有者权益账户及经济账户，忽略的账户在经济活动中是要应用到的，而且当会计检查这样一个账户系统时，他处理这个问题的最简单的方法是构建一些("acking"原文不清——译者注)账户,这种操作方法说明忽略那些账户最终并没有节省任何人力。

290. 我们不能草率地认定一个分类账是不完整的,因为忽略的账户不会和其他账户一样出现在相同的封面上。这些账户很可能记载在另一些账簿或纸上,尽管或许不是以一种正式的形式出现。因为它们确实是存在的,尽管不是明确也一定隐藏在某个地方。"Dr. to"和"Cr. by"这些词不是构成账户的插入语;装订不会限制分类账;一个分类账会有很多册或者很多个分类账也可能被装订成一册;或者可能根本不用装订,卡片式分类账就是如此;也有一些是活动式地装订在一起,如活页式分类账。账户与账户之间的关系决定了分类账应采用何种形态。

291. 出现在余额表中的账户可能是组账户,这种情况下就有必要为每一组账户设置第一级的账户,或者在一个有限的范围内可以用任何组账户而把每个账户直接过入余额表中。以上两种处理的区别类似于每一个投票人都参加的村镇级会议和代表参加的集会之间的区别。所有账户都在同一级别的分类账叫做简单分类账。这种分类账在小公司里用得比较多,而在大公司里用得比较少。

292. 当存在几个级别的账户时,就有一个主分类账和几个辅助分类账,即通常所说的总分类账和明细分类账。总分类账总是完整的,而明细分类账就不一定完整了,也有可能是实现自我平衡。拿正文第 74 段叙述中的抵押贷款举例来说，所有的余额都是借方的，这样就不可能编制一张试算表。无疑试算表只有一边有数字，而与其对应的数字都在别的地方，在总分类账中，它们就是"抵押贷款"这个组合账户的余额。

293．为了把明细分类账的借贷方做平，有时要引入叫做"统制账户"的账户，通常也叫"总分类账"。在总分类账中则是"抵押贷款"账户的反方，在那里借记多少，在这里就应贷记多少，反过来也一样。这样做就一定能把"抵押贷款"这个分类账做平。

294．可能有人会反对说这样的统制账户是不合逻辑的，资产增加，"抵押贷款"这个账户必须是以借方余额出现的。但是当我们再注意一下时，我们会发现这个统制账户的性质是表示所有权的，它代表了所有权的一部分。从这个意义上讲，前面的统制账户在理论上是正确的，而且它的余额也应当表现为贷方，而事实上通常也是这样的。

295．然而，为了方便起见，统制账户也不是必需的。通过总分类账中的总额很容易分配和检验抵押贷款这个分类账的总额。当这个例子与正文第 123 段引用的例子一样没有消极或负面价值时，试算表或余额表就不一定要有借、贷两方。

296．是把统制账户合并进次级分类账还是把它看成是在总分类账里由相应的账户控制的取决于对以下问题的回答：明细分类账的簿记员是要保证准确性，还是主要要向总分类账的簿记员报告总额用于检验正确性？如何决定取决于簿记员个人以及管理者的意愿，而与会计理论无关，理论上两种做法都是正确的。

297. 在一个规模适中的会计系统中，往往会利用活页的方法把一个总分类账和其对应的明细分类账装订在一起，这样就能降低成本，而且看起来也没那么复杂。

298. 在如何提供分类账账页问题上，只要用两种不同颜色的纸就可以简单地解决问题。例如，如果详细的账户用绿色的纸张，那就可以把相同的格式打印在少量浅黄色的纸上以示区别。浅黄色的账页用来记录总分类账户，也就是那些可以直接填进资产负债表的账户。因为要么它们代表了无需再分的单位要么代表一组同类的账户的集合。就在绿色的账页归纳成一张黄色的账页之前，绿色的代表各组账户的组成成员。如果把正文第93段叙述的那个琼斯·史密斯的小余额表扩张为一个有总分类账户和明细分类账户的分类账，那就会有如下的账页出现：

  一张黄色的总括记录"现金"账户的账页

    若干张绿色的账页，根据要求提供现金交易的详细情况，现金账簿

  一张黄色账页："商品"（资产）账户

    若干张绿色的账页，由发货票组成

一张黄色账页:"销售"账户

  若干张绿色的账页,由销售账簿组成

一张黄色账页:应收票据的组合账户

  若干张绿色的账页,应收票据账簿

一张黄色账页:顾客的组合账户

  若干张绿色的账页,包含按顾客姓名字母顺序排列的私人账户顾客分类账

一张黄色账页:不动产账户(只有一张)

一张黄色账页:应收票据账户

  若干张绿色的账页,由票据本组成

一张黄色账页:应收账款的组合账户

  若干张绿色的账页,按字母顺序排列的私人的应付款;"采购分类账"

一张黄色账页:抵押借款账户

一张黄色账页:资产账户

  若干张绿色的账页,各合伙人,股东账户

一张黄色账页:利得和损失账户

  若干张绿色的账页,各种经济类账户

299. 由于分总分类账和明细分类账两级可以提供既详细又容易理解的信息,所以在一个规模中等的企业里,几乎所有的账户记录都可以装订在一起成为一本。绿色的账页根据需要插入,而不再有用时又可以从中抽掉。当要带往别处时,黄色的账页也可以单独保存,形成一个企业简洁的历史纪录。

300. 当账户很多,必须分开装订成两册或两册以上时,私人账户如:应收款和应付款应当和那些包含作为过账媒介使用的账户在不同的卷册里面,因为在过账过程中,两卷都应当打开。但是如果有像第十七章提到的票据系统,那以上的谨慎做法就不必要了。即使只有一本分类账,过账时过账媒介的凭单也可以一张张暂时分开使用。

301. 也许对于一个复合分类账最实用的格式是三栏式分类账或余额式分类账(见表7)。如果没有统一的格式,那就需要根据专门的账户格式手工画线,对于一个装订本来说这几乎是不现实的。

302. 要过入总分类账的诸如现金、采购和销售等基本账户的总额通常是月总额。因为总分类账户的个数很少,所以总分类账的试算表编制比较简单,因此应当首先试算总分类账。然后每个明细分类账也会有各自的试算表,可以用其统制账户衡量,也可以用相应的总分类账的余额衡量。

303. 分类账可看作账户本,其他所有都是为了方便而另设的,是分类账的辅助账或是从分类账中引出来的或是分类账的组成部分。会计实务的流行趋势有两个:期间性地体现在资产负债表中的或财务状况的平衡的账户,其完整周期应当是所有记录的基础;所有的辅助账簿都不是独立于分类账账户的,而要明确是为哪些账户提供材料的。

304. 有些涉及企业机密不能轻易披露的账户有时应写

在一个秘密分类账中。在公司里，这些账户通常是那些股东的和不需要设在经常性账户中的投资项目。秘密分类账范围大小要根据具体情况决定。如果公司不想让外界知道其资本数量，就可以把它和其他权益类账户以及一些特殊账户一起放在秘密账户中，不仅是营利账户，一些特殊账户也可以这样处理。例如，表 23 所列的 Jones-Smith 的账户，最好对不动产的价值、抵押借款的数量以及每个合伙人的资产进行保密。那么秘密分类账就应包括以下账户：

不动产	$ 10 000.00	
抵押借款		$ 4 000.00
Jones		47 645.62
Smith		23 822.81
秘密账户余额	$ 65 468.43	
	$ 75 468.43	$ 75 468.43

总分类账簿记员应当将 65 468.43 美元这个余额在核实试算表以前得出并提供。最后总分类账的试算表如下：

现金	$ 8 589.08
商品	39 249.38
应收票据	7 000.00
应收账款	24 095.32
应付账款	5 465.35

应付票据		8 000.00
秘密账户		65 468.43
	$78 933.78	$78 933.78

305. 当分类账的账户数不多，业务类型较少时，分类账可以采用表格形式，在表格里进行横向、纵向的加减运算都非常方便。

306. 表格式的分类账有很多种格式，在这里很难给出一个典型的说明，但是如表 49 的格式是不错的选择。

表 49　表格式总分类账

期初余额		××月的交易特殊账户				期末余额	
借	贷	借		贷		贷	借
$13 675.23		$16 713.90 (a)	现金	(b)	$20 240.84	$10 148.29	
24 635.84		14 416.80 (c)	商品（成本）	(d)	15 618.79	23 433.85	
4 236.79		1 000.00 (e)	应收票据	(a)	1 247.92	3 988.87	
12 793.64		19 519.74 (d)	私人债权	(a)	15 465.98	15 847.49	
				(e)	1 000.00		
	$6 000.00	3 000.00 (b)	应付票据	(f)	2 000.00	$5 000.00	
	7 618.25	4 319.74 (b)	私人债务	(e)	14 416.80	5 715.31	
		2 000.00 (f)					
	3 675.19		经济账户		1 279.85	4 955.04	
	38 048.06	300.00 (b)	秘密分类账			37 748.06	
$55 341.50	$55 341.50	$71 270.18			$71 270.18	$53 418.41	$53 418.41
期初余额			经济账户			期末余额	
	$8 882.35		销售利润	(d)	$3 900.95		$12 783.30
$2 000.00		$1 000.00(b)	租金			$3 000.00	
3 000.00		1 500.00(b)	工资			4 500.00	
152.16		93.18(b)	运费			245.34	
55.00		27.92(b)	利息			82.92	
3 675.19		1 279.85	余额			4 955.04	
$8 882.35	$8 882.35	$3 900.95			$3 900.95	$12 783.30	$12 783.30

307. 仍以正文第 304 段中的相同账户为例,我们据此每月编制一份分类账,用于说明一个月里的所有经济活动。账户前标有相同字母的形成一个分录,记录一项完整的交易。经济账户则在单独的一张表格中列示,这些账户不汇总余额但每个月都要把上月金额与该月金额相加。

然而,这些结果应填进特殊账户的表格中,这也就是秘密分类账方法的做法。

由于在表格中并没有说明发生的是什么交易,所以在此用一个字母在表的下方注明具体交易的情况。

第十九章 错误的预防措施

错误的原因——比较——检查——取消——重建法——检查分类账——银行余额分类账——反向过账——运用于储蓄银行——部分化——息票法——检验余额——双倍余额法——余额过账,或用余额校对

308. 经验表明,即使在很机械的作业过程中,例如过账,聪明才智也不能使会计人员绝对免于犯错。错误或者遗漏会发生于一小部分的工作中,并且经常是由疏忽导致的。这种疏忽或者是即兴的,或者是偶然性的,究其原因有工作中断、工作受打扰、过长时间持续性的工作或者是生病导致的疲劳。因而,在以后的试算表中会发现那些错误,但是同时会计账户的不准确可能会带来一些损失。为了避免损失,也为了在试算平衡中节约工作量,实务工作中有各种各样的方法用于日常核对工作。

309. 由于这种核对工作是独立的且不同于以前的工作，它将更有效。如果我们还是照搬以前的模式，那么就极有可能陷入同样的陷阱。导致错误的相同过失也往往会再次发生。

310. 在这方面不同的人都有不同的方法来预防错误，每一个人都应该去寻求他认为是最有效的核对方法。审查的工作量也是一个决定性因素，因为长时间的持续性的做账会使人麻木以至于连一个简单的测试也会出错，从这个倾向性来说，每个人都或多或少认可有这个感觉。

311. 如果会计人员在确认每一笔账目之前，都能很自觉地提醒自己所记录的事项的真正含义并排除一切其他的思绪，问自己，"这是真实的吗"？那么登账的错误就几乎难以不被发现。会计人员应该养成这种有益的习惯。

312. 最简单的核对是再一次审查所有的账目再跟以前的作比较。为了能清楚显示工作进度，且以防受打扰，在核对完一个项目后若发现是正确无误的就在旁边打个钩(√)。这些标记不应该太大，但是也要标在规定的行内；没有作标记的行是个危险的信号，可能会被大些的记号遮蔽。如果一个项目被过入错误的账户，那么那个正确的账户就会空白，此时应该做补充说明并做上记号。如果一个事项被全然的遗漏了，事情的结果是：如果是登记到一个错误的地方，那么账簿里就会有一行是没做任何标记的，一旦发现就必须及时去调查。

313. 如果是另外一个人(不是原来过账的那个人)来做这个比较和标记的工作,那么就有额外的安全保障了,因为他能以另一种新鲜的眼光去看待这项工作。

314. 如果有助手的话,比较常见的是两个人一组在"call-back"和"call-off"或者"call-over"这些过程中合作。一个人读出账户的名称或者号码,另一个翻到正确的账页并读取账户金额。我意识到这个方法被很多会计实务工作者用于审计,可能是为了节约时间,因为订车制不允许任何其他的分工。然而我相信两个人分开独立作业相比较在"call-off"过程中会收获更多且更确切。耳朵听到的远没有眼见的可靠,且耳朵更易受骗上当。两个人的任务不是完全对等的:如果有一个相对不积极,因而他的很大部分时间就浪费了,而由于不积极,他的脑子也会变得麻木,经过成千上万次正确的过账后,也会溜过一次不正确的做法。如果有可能再细分这项工作以便每个人都能用他的眼睛来核对一个独立的部分,那么我想,相比较一起完成,两个人会收获更多也会更独立。

315. 一种相当不同的检查制度是由以下方法组成的:根据原始记录重建账户,或者进行一个逆反过程,根据账户来重建原始记录的资料。与原型的合计数相对比的结果会在列表中显示,因而最后的测试结果几乎包括很少的数字,所以让疏忽错误的机会就大大减少了；而金额间的关系就转变成一些新的关联。

316. 一个核对分类账或余额分类账实际上只是分类账的一个复制品而已，用某种更简单、更简明或可能是更复杂的方法记录的，因为它不是为了精确信息的需求而是出于对日常分类账的核对之用。由于这个原因，它也许是用铅笔登记的，日期或许被省略掉，所有描述性的东西，大量的账户可能只在一个期初出现，或者仅有余额而没有交易情况。对于商业企业来说，由于其除了月末其余时间不经常需要余额，这也许是个好方法。最后的余额在合计前作一比较，这种方法用于每月的试算平衡。

317. 对于任何一家银行单位来说，记录正确的存款人的存款账户是一件最为重要的事情。任何时候账户余额都必须具有可核性和可靠性以避免多支付的风险。因而引进余额分类账以对日常分类账进行检查核对。它的特色便是每一个账户都是平行登记的，在每一账页中占据了一行。在一页中，第一栏是30个或40个账户的初始余额，经常用红字标示，每一排都列有账户名称。加总该栏就是对存款系统的一个试算平衡。第二栏是一天内每个账户的所有贷方发生额，第三栏就是所有借方发生额，第四栏便是第二天的期初余额。很明显，合计的金额能体现如下的方程式：

旧余额＋贷方发生额－借方发生额＝新余额

表 50　银行余额分类账

名称	余额	贷方	借方	余额	贷方	借方
	1月15日			1月16日		
AB	1 734.16	223.19	100.00	1 857.35		
BB	2 000.00	300.00	463.17	1 836.83		
CB	2 217.65	500.00	2 717.65			
总计	5 951.81	1 023.19	563.17	6 411.83		

318. 做上述工作的大致原则是：反映银行余额分类详细情况；像余额那样将每日贷方发生额写在同一栏内，但它们用不同颜色的笔来登记；将不经常发生的账户另外处理；提供透支的情况（也即借方余额）；一部分账页可狭窄些，这样账户名称就可不用重新再写了。

319. 余额分类账如此方便、具有如此多的优点，因而多数银行将其作为主要的分类账，"垂直型"账户也就被完全停用了。而能对余额分类账作出核对的便是月度报表了，它是日复一日的详细描写的报表，提供借方和贷方发生额的详细情况。从这点上看，余额分类账可能还是放到下面的章节叙述中去会比较恰当。

320. 与这种复制分类账的方法完全相反的是名为"反向过账"的处理方法。我想至少我是这个名称的创始人，虽然这个方法本身毫无疑问是别人先于我而想出来的。

321. 反向过账的重要特征是根据分类账本身来重建分

类账的原始资料,或者当根据票单来进行过账时,其特征就是从众多账户中构建较少账户。这些有待重新构建的账户指的是,载有所有日常交易的主要账户以及当票单在过账时没使用时基于过账媒介来进行选择的那些账户。

322. 假设账户借方主要有现金、销售以及利息,贷方主要是现金、采购、折扣以及费用,一张小小的表单就是由基本账户和其他杂项组成,如表51。

表 51

反向过账表		19××年		借方	
现金		销售		利息	其他
17					
96					
98					

反向过账表		19××年			贷方
现金		采购		折扣	费用	其他
⋮						

323. 这些表格可能单单在一页上,或者在同一个账页的反面或在独立的账页上。

324. 各栏都严格按照从账户中拷贝过来的数字填写,以进行查证工作。每一栏的合计数都与过账媒介或者其中一个基本账户中的交易总额相对应。两个"其他"栏的合计数相等。

325. 或许可以推荐保持合计数的连续性(虽然我在实务中没见过该做法),将该表的底部的合计数转入下一个表的顶部。用铅笔标出的过账媒介的合计数往往能得到核实。同样的结果也可能通过概括加总月度报表中的各栏的日加总额得到。

326. 在使用反向过账法的一个重要问题是:何时填写表单?在过账的时候还是作为一个独立的程序?当你面前摆放好账页时在编制反向表单中穿插过账会比较简单。很多人是这样做的,将表单放在一边,当每一笔分录一旦在分类账中做好就将它录入表单中去。反向过账方法的有效与否仅仅看从分类账中录入表单中的内容有没有出错。由于对原始资料的记忆犹新,我恐怕会自己手写而不是从错误的分类账合计中拷贝,因为那将令我无法查证。

327. 另一种可供选择的方法是,先完成所有的过账,当最后一笔分录做完后,再开始根据分类账填写表单。这个程序也还有两个可供选择的方法:

(1)检查分类账中同一天交易事项的每个账户。

(2)在过账时,留下些提示,仅考虑受影响的会计账户或者忽视所有未经处理的账户。

328. 方法(1)会是一个比较周详的计划,其账户虽少但都是经常发生,因而大部分账户每天都会发生些变化。它会消除某些种类的错误,例如在两个不同的地方登记同一个项目。

329. 方法(1)可以在几种不同的方式下执行。其中一个就是在过账时使用连环页,当要进行过账时就可以随时插入。这样,在反向过账时就将其作为标记,而且仅查阅有标记的页数。有一个用各种颜色的条形纸组成的修饰,比如用红色的表示借方,黑色表示贷方。我认为这种方式比较危险,因为那会有太多的暗示了。也许原本借记的却错误地记为贷方,但是那红色的条形纸却显示为借记且反向过账时也是记在借方表里;那样错误就会被隐藏起来而不是被揭示。我应该坚决偏爱这种连环页,它仅仅显示账页而让反向过账人员在毫无提示的情况下做他的工作。对这种纸片计划持异议的是登记到错误的页面的情况可能不会被发现。在卡片分类账中不需要连环页,但是每一张已经过完账的卡片应该比其他卡片或另一边稍微高些。

330. 另一种"标记痕迹"通过预先在每一栏中写好受影响的页码为反向过账作准备,那些号码是从原始资料中得来的。表52中在"现金"一栏内我已指出这些号码的出处。除非之前在原始资料里页码就编得不恰当,否则就能发现类似于上一段提到的错误了。

331. 作为在正文第330段中提到的方法的延伸,名称以及对开本都会包含在过账的校对中。推荐名称只有几个字母在准备工作中写出来,然后在反向过账时,再填上其余的字母。这样就能使注意力集中在名称上,否则可能被忽视。

表 52

					反向过账表		贷方			
其他	利息	销售	现金	号码	名称	现金	采购	折扣	费用	其他
			200	22	Smith		179.63			
				56	Jones	180				
				73	Sulivan					
				109	Tho					
				126	Fit					

332. 当票单用于过账或者构成过账媒介时,一个最有优势的制作表单的方法是按照一个单一的系列将所有票单分类,按字母或按数字,以便使其顺序与分类账页码顺序一致,并避免翻来翻去浪费时间。为使考证达到充分有效,账户的名称或号码应该置于表单的中间和各栏的左边和右边。

333. 当进行核对工作或者说是反向过账的不是有原来的过账人员而是由其他对交易没有预先的想法的人来完成的话,那么最高的确信度也就达到了。他会严格根据账户情况来录入。他会迫使自己去看那些名字,数量,借记还是贷记,还有其来源;没有一个事实是别人建议的。然而,如果他逆反了所有的过账,他的表单的每一栏的总数刚好与其他地方的总数相符,那么就能充分表明他的过账是正确的。

334. 在一个储蓄银行,那里有极其多的账户且现行的账目都是采用现金的,这种带有各式各样的限定的方法得到广泛和有效使用。发现在这类单位中规模比较大的机构里"部门化"分类账的做法比较可行;也就是,将所有大量的账户分组成一些大块,比如2 000美元或者3 000美元有关联性的账户一组。日常工作中通过每个部分或者模块的末尾在列表中做个暂停是其特色。这个需要预先假定每个出纳都制作了存款单子的列表,或是机械制作或是用笔完成,如果正确的话,最后的合计数与现金状况相符且构成反向过账应该遵守的标准。

335. 构成一个部分的所有模块的账户都必须入账。这就成为存款者账户总分类账和每一个存款者个别账户的媒介系统。在试算平衡时就能提示每一个部分应该能产生多少余额。如果发现有一些是正确的,那么注意力就会放到显示差异的那些上了。在所有情况下当有大量的账户需要处理,且多到搜索一个错误都那么费力时,就像在大干草堆里寻找一枚针那样,这个部分化的方法是非常有价值的。如果我们把大干草堆分成许多小堆,那就会很容易知道那里有没有针了,寻找起来就会很便捷。

336. 再回到反向过账表单来检查储蓄银行的业务,我们已假设一个有关业务发生的连续列表已经由出纳准备好了,通过这个列表他必须证明他的现金与簿记员表单上的数额相等,账簿上的现金金额被安排和分割成许多部分。这两个列表有时候在被称作"息票法"的方法中结合起来。这体现在有一套表单保持在出纳的桌面上，一个部分对应一张表单并进入这些表单，主要来自存折和每个已经发生的交易事项，这些事项因而自动分类而不是以后再分类。表单是以一个特殊的形式，两个货币栏当中带有一个孔，号码和名称间有空格。

出纳将第一个货币栏设为空白，仅使用外面的那个。他用外面的那栏来平衡现金，加总所有的表单，撕掉条形纸和息票并保存起来。剩余物拿到簿记部门作为一个反白过账表。一个连续的列表若是按照数字顺序就不是相当方便，因为在一个大的部分里要从大量的账户中去挑选。另一方面，当有部分不能得到证实，可通过将息票放回原处并进行数量比较会很容易发现错误。没有精确地按时间顺序的列表也没有精确地按数字顺序的列表。

表 53

	查证表	息票	
1907年4月12日	第23部分	460 001～465 000	23
号码	名称	存款	1907年4月12日
462749	Smith		100
460979	Jones		25
463652	Robinson		63
464998	Murphy		17
460723	Becker &c.		3

337. 当使用"三栏式"分类账时(借,贷,余额),很重要的一点是对余额的确定;实际上,更为重要的是借和贷这两栏,因为余额这一栏始终是根据它们来做即时支付的。确保余额的正确性又有两种方法,也许可以被称为"双倍余额法"和"余额过账法"。前者需要在表中(表52或表53)增加两栏即旧余额和新余额两栏。因而表53可以作如下调整:

号码	名称	旧余额	新余额	存款	存款
462749	Smith	2 769.13	2 869.13	100.00	

出纳仅仅将"462 749"和"Smith"以及"100.00美元"插入即可,做测试的职员则从分类账中拷贝"Smith,2 769.13,2 869.13美元"以及"100.00美元"。因而,余额中的错误就可以像在过账中出现的错误那样可明确检查出来,因为旧余额一栏的合计数与新余额一栏的合计数的差必须等于存款(汇票)总额。"余额过账法"同样可以用较少的劳动力确保余额的正确性。它的基本特征是从余额(而余额是最先被录入的)到交易事项开始往后工作,从余额一栏显示出的增减情况中得以推断出来。无论是表52还是表53都没有什么改变,但是在进行分类账过账时次序上有变动。因而,如果John Smith的分类账账户是这样的:

462 749

John Smith

日期	借	贷	余额
1907 年	转入		2 769.13

且希望记录一笔 100 美元的存款,那么过账和校对将在如下步骤中完成:

第一步,拿着存款单子,簿记员写下日期,然后不贷记 100 美元,而是只在余额一栏里记下 2 869.13 美元。继续这个过程直到所有有交易事项的账户都重新得到平衡,再将存款单子交给总簿记员。从而 Smith 的账户就变成:

| 1907 年 | 转入 | | 2 769.13 |
| 4 月 12 日 | | | 2 869.13 |

第二步,另一个簿记员没有亲自接触交易事项,从增加的余额中推断出有 100 美元的存款,然后将此金额插入分类账的贷方一栏:

| 1907 年 | 转入 | | 2 769.13 |
| 4 月 12 日 | | 100.00 | 2 869.13 |

恰好相同的会计分录会出现,如果分录之前已经做好后来再作重新平衡;但有一个重要的不同就是一个打破平衡的错误会使得 100 美元发生不同于原本票单上的变动并引起注意。

第三步,如果得到正确的平衡,那么这 100 美元代表了正确的交易事项,在恰当的名称和号码边复制到表单上,并投递到总簿记员那里。

第四步,通过不同渠道到达总簿记员手中的票单和表单,他会对它们作一对比。如果他发现它们在各个方面都相符合,他就确信不仅借和贷是正确的,方向也是无误的,且更为重要的是他还相信余额也是可靠的。然而,他可能忽视了某些矛盾之处,或某些业务被全部遗漏掉;因而,还须做更深一层的核实。

第五步,在各表单和部分里增添借和贷栏目并加总;如果总数刚好与实际收到的和实际支付的现金相符,那么所有工作包括平衡工作都正确地得到完成,达到了最高的确信度。经验表明,在一个程序中不出现一个错误几乎是不可能的。

338. 还有一种预防错误的方法,它在于录入,而不是图表本身,但是一个所谓的"检查数字"的方法源于通过 9 或其他数字的性质对交易金额的数位的检查。我不应该讨论这个,因为它们有些超出了会计学的范畴。

第二十章 错误的查找

错误的分类—程序的选择—是否可以被 9 整除可看出数位顺序是否颠倒—错误的更正—缩小范围—分类账表格

339. 抽出和添加试算平衡表，发现借方和贷方的总额不相等。肯定是某处出现了错误，我们需要查明不符合之处的真正的数额(一般应称为"差异数")且迫切需要找出并排除产生差异的原因。差错可能由以下原因导致：

（1）只有一个错误。

（2）同一个方向上有若干个错误。

（3）借方和贷方都有一个或多个错误。

差异数是由所有的错误造成的。那么那些错误可能可分成以下几种：

（4）过账时的疏忽。

（5）相同项目的账目复制时产生的错误。

(6)登记到错误的方向上。

(7)将一个金额替换为另一个。

(8)金额中数字顺序的颠倒。

(9)由于加减而产生数字间的不正确的结合。

340．为确定差异产生的原因，选择一个什么样的程序取决于如下几个因素：业务事项的广泛程度和多重性；账户间的关联；登账人员的习惯是否属于精确细致。记账员越是精确细致，那么他在试算过程中就越少出现差异，很有可能只出现一个错误。在这个假设的基础上，我们就应该致力于去寻找一个在数量上跟这个差异数完全相同的项目，然后查明第(4)或第(5)种情况是否发生；如果有一个项目的数额等于差异数的一半，对于第(6)种情况，通过增加一方并减少另一方就使差异数加倍。如果差异数只是一个单一的数字，那么它可能是由第(7)或第(9)种情况导致的。如果第(8)种情形发生且是错误的唯一来源，那么这个差异数通常可以恰好被9整除。根据一个著名的算术原理，一个数是否可以被9整除可以不用具体去演算便可以确定；把一个数的各个数字相加即可。27可以被9整除，而2＋7＝9。13 579不能被9整除，因为1＋3＋5＋7＋9＝25，而2＋5＝7。13 579除以9的余数会是7。13579美元的差异就不会是单单由数字顺序的颠倒而产生的。179 865 342可以被9整除：1＋7＋9＋8＋6＋5＋3＋4＋2＝45且4＋5＝9。

关于 9 的特性并没有什么过人之处，因为它仅仅意味着一个面额的计量单位与相邻面额的计量单位之间的差异。如果我们把 43 颠倒为 34，我们已将十位数 4 换成 3，个位数 3 换成 4，差额为 9。每一种可能的数字位置的更换导致的差异都会是 9 的倍数。

但是除了这种位置颠倒外，要产生一个 9 的倍数的差异有很多其他方式，而且要找出哪一个具体的数字被颠倒了是一件相当费时的事情。

因而需要一个更彻底和更系统性的方法，采取那样的办法一般会比较节约时间。

341. 为防止错误的发生，进行查找的方法类似于第十九章所描述的。也许要重新过账并检查；如果已经提前检查，需做一个醒目的标志以便进行下一步骤。也许可以参阅正文第 314 段，可毫无风险地借助于"calling off"，这基于寻找某样东西会更让人保持高度警惕这一事实。然后，为了防止第(9)种情形的发生，所有加法和结转必须重新检查一遍，最后编制试算表，因为有发生过分类账是完全正确而在试算表中却错误的情形。

342. 前述的程序应该要发现错误，这些错误被更正后会带来分类账的平衡。每一个错误一旦发现都应该彻底调整过来，而且很重要的是以恰当的次序进行更正。不要先在试算表中修改然后再在分类账中改，因为那样可能会遗漏了分类账的改正，且存在一个更危险的状况：一个分类账有错但是试算表却明显确保它是正确的。首先在源头上制定严格的纠正错误的规则，然后按照自然顺序一直纠正下去直到试算表的合计数。当发现差异的一部分就去从原来的差异数中减掉或加上去都不是明智之举。比较好的方法是一起消除旧差异数再重新确定不符合的数额。记住，检查的唯一目标是为了调整账户而不是为了调整试算表。

343. 但是有时候所有这些步骤都做完后，还是会出现差异。错误可能就恰好浮于表面，但是第二次仍旧像第一次那样没被注意到。这是很令人沮丧的，而且也没理由相信重来一遍相同的程序或进行第三遍就会成功。这个方法的缺陷就是它没有缩小范围，然后在有限的范围内"圈定"错误。能缩小错误的来源的范围的方法肯定能最后查找出错误的出处，因为范围一直缩小直到出现错误的那个会计分录。

344. 通过确定借或贷的方向是否错误来做第一次缩小的范围。如果试算表是由合计数组成，而不仅仅是余额（正文第 220 段）通过累计原始的数字，我们就可以确定借贷每一边的主要合计数应该是多少。先举一个简单的日记账的例子，在那里分类账中的每笔分录都必须过自日记账；分类账中的内容仅是对日记账内容的重新安排。日记账的合计数是分类账合计数的一个标准，任意一方与该标准不一致就是错误的。

因而，如果我们有如下的结果：

试算表的合计数　　　　$ 117 648.29　　　$ 117 395.74

日记账的合计数　　　　　117 648.29　　　　117 648.29

如果到借方去寻找错误是浪费时间的做法：错误必然在贷方。当然，在实践中，还要考虑账户是否被画线隔开等，但这些都是容易办到的。也许借方和贷方都有错误，那么我们就没那么多收获。借贷两方如果有一方数额过多而另一方却不足，那就强烈地表明账目登记时出现方向性的错误了，尤其是多余数和短缺数刚好在数量上相等时。

345. 同样的原理可运用于日记账的位置被其他过账媒介代替了的时候（第十六章）。每一个过账媒介对于借贷双方在数量上所作的贡献都被登记下来，它们在试算表中列示的总数决定了分类账所应该遵守的标准。因而：

借记来自现金账簿	$
来自销售账簿	
发票账簿的总额	
来自日记账	
之前的余额	————
	$
较少账户结账	————
合计	$
贷记来自现金账簿	$

来自发票账簿

销售账簿的合计数

来自日记账

之前的余额   _____

                            $

较少账户结账   _____

合计 $

346. 完全查找出所有错误的一个最有效的方法是通过一个详尽的程序,即将分类账制成表格。这个过程被某些作者称为"分析法",但是笔者认为还是叫"列表法"比较确切。它在于将每一个账户的会计分录以一个平行线的形式出现,在原理上很像正文第 317 段所描述的银行余额分类账或者是正文第 307 段叙述的总分类账。然而,在列表化的分类账里,借方余额和贷方余额都是由许多部分构成,因而有必要设置更多的栏目。可由以下方程表示:

$$旧的借方余额+借方发生额+新的贷方余额$$
$$=旧的贷方余额+贷方发生额+新的借方余额$$

方程等号的左边在账簿的左页面上列示,方程等号右边则在右页面列示。根据它们在各种过账媒介或者基本账户里的原始资料,借方发生额分成多个栏目,很像反向过账表(正文第 331 段,表 52),贷方发生额也以同样的方式分类。

347. 列表的安排也许类似表 54,假设借方都来自现金账、销售账和日记账,而贷方则来自现金账、发票账和日记账。

348. 提供了这些栏目后,很明显任何账户的内容都可能串排整个页面,且包括初始和期末余额,每行都会出现相同的合计数。

表 54　分　类　账　列　表

			左　页					右　页		
1	2	3	4	5	6	7	8	9	10	11
账户	旧的借方余额	借方来自			新的借方余额	旧的贷方余额	贷方来自			新的贷方余额
		现金	销售	日记账			现金	发票	日记账	

因而,假设一个顾客,John Smith,在之前的试算表上欠了 279.43 美元;根据销售账簿,他购买了金额为 265.67 美元的账单;在日记账分录中他应付 24.38 美元;他被贷记"现金"账户 200 美元;那么在这个试算平衡的时间里他所欠的余额为 369.48 美元。在第 1、2、4、5、8 和 11 栏里,账目应该做如下登记:

第 1 栏　John Smith(或对开)

第 2 栏　旧的借方余额　　　　　　$279.43

第 4 栏　借方来自销售　　　　　　$265.67

第5栏	借方来自日记账	24.38
		$569.48
第8栏	贷方来自现金	$200.00
第11栏	新的借方余额	369.48
		$569.48

可能只有两个余额栏在任何给定的账户中被要求列示。

349. 登记好这些表格后，应该马上在每一页上添加上去，而且由于每一页的合计数都是569.48美元，结论就是账户得到正确的平衡了，虽然对于过账是否正确一无所知。分类账经常只保持自身的连贯性却无法与其原型保持一致。但是，往往整个错误是在具体程序中发现而不是由错误的过账造成的，是由对正确的分录的错误组合导致的[第(9)种情形，正文第339段]。

在页面的底部，每一栏都被添加上去，很明显每一行都处于一个平衡中，所以结果必然是遵循如下法则：

旧的借方余额＋借记来自现金＋借记来自销售
＋借记来自日记账＋新的贷方余额
＝旧的贷方余额＋贷记来自现金＋贷记来自发票
＋贷记来自日记账＋新的借方余额

如果无法平衡的话，肯定是出错了，要么是某些栏的总数出错要么是某行的配平出错，但在进入下一页之前必须发现这个错误。一个很有趣的例子就是，在页面的中间位置做个脚注,然后再用方程检验。如果结果是对的,那么错误应该是出自页面的后半部分;如果通不过检验,那么错误就是来自上部分。因而通过这样的划分,就能最终定位错误的出处并更正它。

推荐每一页的合计数延续到下一页,以确保没有不平衡的页或行被忽略。

350.也许认为最好不要把某一种所有账目放在单一行,而是如有必要就用多行来记录下它们的详细情况。在第348段的例子里,借方来自销售的有265.67美元,也许有4个项目组成:82.65美元,25.33美元,91.25美元,66.44美元。然后,列表中该账户在宽度上就会占着4行而不是一行。

栏 1	2	4	5	8	11
John Smith	279.43	82.65	24.38	200	369.48
		25.33			
⋮	⋯	91.25			
		66.44			
Tobias Smollett	⋯				

这就使"插/线增栏"变得有些困难,但是随着越少的账户能录入一页账页内,每行的"插/线增栏"也许会被省略直到底部,然后整页就作为一个整体接受核对。

351. 像现金和商品账户,或者说是我们称为"基本"账户,必须留到最后。其他账户也许不用怎么追加程序就能自然地揭示出错误所在。第 3 栏应该与所支付的现金相符合,否则肯定出错了;第 4 栏应该与销售相符,第 8 栏应该与收到的现金总额相等,第 9 栏应该与采购数相符,任何一个其中的合计数如果有不符合之处就应该追究到部门责任。

352. 为了完成现金和商品账户的列表(或是基本账户,两种说法均可)必须以线形形式转录,从旧余额开始以新余额结束。借方和贷方分录会经历某种逆转:在现金账户里收入记录在第 3 栏支出的下面,支出又在第 8 栏收入的下面;物资采购在第 4 栏销售的下面,销售账户又在第 9 栏物资采购的下面。但是现金一行和商品一行会处于平衡中,整个分类账将被制作成表格。栏目会以一对对的形式出现,如下:

第 2 栏和第 7 栏合计数相等

第 3 栏和第 8 栏合计数相等

第 4 栏和第 9 栏合计数相等

第 5 栏和第 10 栏合计数相等

第 6 栏和第 11 栏合计数相等

第 2 栏和第 7 栏合计数相对应的和旧的试算表作对比,以便确保没有什么被遗漏掉,第 6 栏和第 11 栏就构成新的试算表。

353. 如果进行试算平衡的间隔周期很长,那么首先完成表格制作代替以简单的试算表开始是值得的,第 6 栏和第 11 栏就是结果是否正确的唯一证明。这个很费力,但却是很彻底和令人满意的查证。

第二十一章 遗产会计

经营管理会计学,没有所有权—财产受托者名称—遗产会计的目的—财产受托人的作用—财产受托账户方程式—遗嘱执行者会计—在财产盘存中遗漏的债务—根据账户制作明细表—储蓄银行的真正受托人

354. 在前面的几章里,会计学是关于单一所有权或是共同所有权的。账户包括两种类型,两者总是相互抵销:也就是代表他与外界的关系的所有者账户以及代表他的所有物和与其有关联的人的账户。

355. 在一种观念下即所有权几乎或完全缺位,且它的地位被责任和会计责任所代替的时候,还有另外一种账户。它通常源自受托的管理当局,作为真正的所有者的代表管理控制事务,受托者进行账簿登记的目的就是为了证明他忠实的经营管理。

356. 根据受托人的作用或者是他的委派来源,管理不是属于自己的事务的人的叫法有多种:受托管理人管理信托受益人或者受益人的事务。遗产管理人或者(如果受遗嘱委托)遗嘱执行人管理死者(要么没有立下遗嘱,要么是立遗嘱之人)的遗产;监护人负责一个病房的事务;精神病委员会负责无行为能力者的事务;一个城市的审计员则是负责财务事务;一个破产接管人则是接管一个破产事务;一个财产受让人则是为无偿债能力的债务人做工作;一个社区或医院或大学的财务主任则是记录它的财产,收入和支出;私人也许会把他的事情向他的代理人、律师、法警、保管员坦白。这些名称术语并不是可统一使用的,因为还存在着地方差异。在所有的这些例子中,法定所有权被受托人管理,但是根据衡平法所拥有的所有权则是在受托人的委托者。

357. 遗产会计的本质在于确定持有受委托权利的受托人在多大程度上履行了义务以及他应在多大程度上负责。他有权留置所有在他手下的财产,也可对那些财产进行合法处置以获取收益。

358. 一个遗产账户现显示了受托人始终肩负的财产保管责任的程度,这是个赊账账户与商业银行的所有者账户相对应。该账户并不是为了衡量真实所有者的财富,而是仅仅为了表明受托人受托作为财产管理人而不是为了适时处置变卖。

359. 哪些成为业主的财产受控于受托者,但是他有时也会使所持有的财产亏损,如果发生负债或者遗产被受制,那么受托者就接受授权清偿债务。

360. 考虑财产受托人(该叫法一般适用于上述任何一种代理人)的作用也许可用如下五个方面:

(1)资产和负债的支付的清算或者分配表。

(2)收款。

(3)分配本金或者收入或是两者兼给利益相关者。

(4)重新投资。

(5)企业管理。

遗嘱执行人或是财产管理者首先是一个清算者。他的责任是将资产转化为现金,偿还负债,和分配财产,履行第(1)和第(3)条职责。偶尔,他会同时履行第(2)条。他并不经常关心第(4)和第(5)条。然而立遗嘱之人也许会在他的遗嘱中指明他的财产不能立刻分配完,某些财产或某些数量的财产由受托人(通常同时也是遗嘱执行人)保管。受托人就有责任履行第(2)、第(3)条,通常还有第(4)条。

361. 当第(5)条职责占支配地位,这些遗产账户就不能与业主账户相关的账户相区别开;通过使用资产来保留财富,财产受托人就分别作为清算者、收账人、分配者的身份履行职责。"遗产账户"是资本主义下才有的,受托观念也就日渐衰退。但是如果我们回到原本的代理人思想,观点

就会发生变化,方程式变为:

我所承担的(责任)=我能列示解除的(责任)+我负责的财产

362. 可以将财产受托人交易事项与那些业主关心的业务作类比,但是却要用相反的眼光去看它。受托人会有利己主义想法。也存在正文第 354 段提到的两套关联的账户,但是受托者的借方与所有者的贷方相对。然而,在进行第四章的程序后,处理并分析该账户会发现不管是否遵循所有权方程式或经营责任,借方和贷方都相等。资产的增加或由于这些资产导致的费用的增加都与所记录的事实相一致。因此没必要加重负担在记录交易事项时采用其他新的规则。

363. 在严格的遗产会计中,经济账户要减到最少且没有经济摘要,以此作为企业管理的一个创新之处。通常出于法律原因,财产的本金和它所带来的收入间有严格的区分,收入不是按期分配至本金的,而是保留在一个独立的贷方余额里,这样便有如下两个账户:

财产的　　　　　　本金

财产的　　　　　　收入

364. 财产受托人向授予他权力的当局提供一份信托遗产收支报表代替一个资产负债表,这由法院以"受托人管账的财产"形式组成,财产受托人在信托遗产收支报表中反映所经管财产的收入和支付的费用。在《论执行者账户》以及其他等书中有给出这种账户报表的理想模型,最近的相关书籍有 1907 年 1 月版由 John R. Lommis 著作的《会计学中的日记账》。

365. 一个将冲击商业簿记员检查遗嘱执行人账户的事实是财产盘存,开始时仅对资产盘存,而对债务却没有相关处理,即使在死者的账簿上,也没有将债务从资产中扣除。债务只有在支付时才得以显示。

366. 遗嘱执行人账户最好通过转回遗产账户来制作;即财产受托人用支付给自己贷记财产账户,反之亦然。这种方法在根据其他账户制作报表时受到偏爱,因为纯粹的转换已经被排除了。账户应该与呈递给法院的报表始终保持相关一致;比较合意的是每一个明细表都由一个账户在财产受托人账簿中再一次列示;明细表的名称也许构成它的标题的一部分;比如:

明细表 A

评估价值增值

任何以高于原值的价格卖出去的资产和代表这种资产的账户都通过已收讫现金记入贷方,增值部分记在资产账户和(不是直接记到遗产账户而是)明细表 A 账户的贷方。最后明细表 A 以一个总金额结转至遗产账户。

367. 用图或例子说明由遗嘱执行人或实施者遗产账户的转化可能比较有效,他支付给自己来贷记财产,反之亦然。账户应该如下开设:

（1）D. C. DENT 的遗产。

（2）存货。

（3）明细表 A：评估价值增值。

（4）明细表 B：非存货资产。

（5）明细表 C：收益。

（6）明细表 D：评估价值减值。

（7）明细表 E：葬礼费用以及遗嘱中的其他费用。

（8）明细表 F：债务和债权。

（9）明细表 G：支付给遗孀的费用。

（10）明细表 H：管理费用。

（11）现金。

账户以分录开始：

存货／产权

当现金余额包括在存货中，必须记录资产等变换成现金的过程时，现金余额必须转至独立的账户：

现金／存货

两个账户：现金和存货，代表遗嘱执行人以及其他能代表遗产的人。

368．因而遗嘱执行人发挥了以下作用，并且用各自不同的公式记录了它们：

存货资产的变现：

现金／存货

当这些资产带来的价值比盘存价多时:

存货/ 明细表 A

当这些资产带来的价值比盘存价值少时:

明细表 D/ 存货

非存货资产的变现:

现金/ 明细表 B

收益的收取:

现金/ 明细表 C

必要的支出:

明细表 E、F、G,或者 H/ 现金

369. 在余额结转时,所有其他账户都结转到遗产账户。比较明智的做法是当只有现金和存货的余额要被结转到下一个账户时,用红色记录现金和存货的余额。

表 55　D. C. DENT 的遗产

明细表 D	$ 600	存货	$ 43 000
明细表 E	1 200	明细表 A	2 000
明细表 F	8 300	明细表 B	1 500
明细表 G	2 400	明细表 C	300
明细表 H	2 150		
存货	6 000		
现金	$ 26 150		
	$ 468 000		$ 468 000

这里明细表正好采用了与正文第 364 段引用的 Loomis 先生的论文中相同的安排。我没有为明细表 J 设置一个账

户,即"未收集到的存货项目",因为我认为存货账户本身更好。

在 Loomis 先生给出的摘要后面是以代理人的账户的形式表现的同一个账户:

摘要

我支付给自己

存货金额	$ 43 000
明细表 A 里的金额	2 000
明细表 B 里的金额	1 500
明细表 C 里的金额	300
总费用	$ 46 800

我贷记自己

明细表 D 里的金额	$ 600
明细表 E 里的金额	1 200
明细表 F 里的金额	8 300
明细表 G 里的金额	2 400
明细表 H 里的金额	2 150
明细表 J 里的金额	6 000
总计	20 650
余额	$ 26 150

把这个同表 55 相比,可见这个费用是由遗产账户的贷方和由遗产账户借方得到的赊账金额计算得到的。

370. 财产受托人的簿记并不需要像业主簿记那么详细，因为后者的大部分方法适用于前者，并且那些细节可以在 Hardcastle 和 Gottsberger 的优秀论文中找到。

371. 很明显通常在所有权的基础上讨论的一个储蓄银行账户严格地说也是受托财产账户。公司是由受托人组成的委员会，然而受托人不享有资产的产权；他们仅仅掌管支配受托财产。存款人仅仅是他所存款项以及由董事会分配的利息或红利的债权人；对盈余没有合法的分配权，产生的盈余是信托基金，暂时保障存款人的利益，但是除了清算的时候以外是不能分配的。

372. 如果没有区分开业主账户和财产受托人账户，就会产生一些错误，例如会产生在正文第133段中涉及的虚构账户——"企业"。

专论 A　现 金 账 户

"现金"的定义和范围—现金的细分—现金账户的变化—支票存根代替的银行存款账户—过账媒介的支票账簿—复合式现金日记账—分栏,两个原则—折扣举例—现金日记账—支票登记簿—替代账簿方法—计算现金余额—审计人员关于现金余额确认的责任—银行存款账户的确认

373. "现金"作为一个具体名词指(债务等)清偿过程中所收到和支付的款项、清算媒介。这个定义并非完美,因为仍存在一些不同于此定义所限定的范围的现金存在。有些人认为现金就是指"货币",但是即使如此也很难限定货币本身的范围。我们是应该把它限定为完全法定硬币还是应包括纸币和真正作为借据的国库券?我们发现那些致力于不断缩小现金的范围直至能够操纵它的人在两种方法的选择上是反复无常的。他们把支票当做现金,一方面支票只

能传达一种从某些银行获取一定金额的权利,它甚至没有权利进行金额转让;另一方面那些到期银行应无条件支付给我们的金额却排除在外了。根据商业习惯,我认为如果想在偿还债务或者获取资产中正确理解现金账户的所有内容,最好的方法,简而言之,就是履行合同。只要是在合同履行时所要求的美元(或英镑)就符合商业意义上的"现金"。从潜在性而言,现金是具有最多功能的资产因为它是唯一可以自由支配财产或劳务任何存在形式的资产。

374. 现金通常分为两类:库存现金和银行存款。前者有时称为"办公室"现金而后者经常被称为"银行余额"或(在英国)"银行现金"。后者最近被英国权威人士批评,因为他担心"银行现金"会让人以为在有充足硬币的银行的存款或与其他有形货币特意分离的属于该账户。但是这种担心是毫无根据的,因为不会有人会犯如此愚蠢的错误。

375. 在现代社会,库存现金或实物财产中的现金的使用远远少于银行存款的使用,所以提及现金支付,人们一般想到的是银行存款而不是清点现金数目。后者只用于小额业务,有时被称为"零用现金"。

376. 零用现金账户有其不适当性和危险性。就日常账簿而言,当货币转化为零用现金就意味着花费,零用现金就成为经济账户的一种,等同于"小额费用"。这里假设有一零用现金账簿由簿记员记录费用,但当拨款几乎用尽,他需要大笔款项时，在此制度中对他的记录核对却没有成为必需的。一个更好的制度——备用金系统会在后面介绍。

377. 总存在一种账簿称为"现金账簿"，此账簿详细地记载了所有影响现金的交易，有时还会包括其他信息。此账簿和分类账的关系经常有如下变化：

（1）分类账中有现金账户，它实际是每周或每月现金账簿的汇总，是从日记账中获得或是现金账簿的合计。

（2）现金账簿本身就是现金账户，就好像它是分类账的一部分，只是为了方便而单独装订。

378. 现金包含或多或少的分支，现金账簿的范围引起了其他变化。

（1）现金账簿的余额可以只包括库存现金，所有银行交易都通过一个或多个专门银行账户。

（a）存款通常是为先作为办公室现金然后再支付给银行，即使当它们所包含的项目最终也要存入银行。

（b）支票按照下列两种方法之一进行处理：

ⅰ 支票既出现在银行存款账户又出现在现金账户上，似为先从银行取出现金，再支付。

ⅱ 支票只出现在银行存款账户上，记入收款人的借方和银行的贷方。

（2）现金账簿的余额可以既包括库存现金又包括银行存款。用支票和库存现金支付的金额在现金栏不作区别，库存的收入和存入银行的收入也不作区别,即使它们的区别很容易说明。但是在任何情况下计算现金时应分别说明银行存款金额、库存现金金额、总额。

(3)库存现金和银行存款以两栏式记录于相同账簿。影响两栏的对销记录代表银行和办公室之间的转账。从教科书上可以看出这种方法在英国很流行。

(4)在备用金制度中,所有的交易最后都要通过银行。备用金是一个定额,通常不会随意增减,用于企业支付零星采购。多个部门可以有几个备用金。当用备用金支付时,应按时核算账单、收据或发票从而保证余额正确。假设备用金是 100 美元,支付了 77 美元,则实际剩余金额为 23 美元。但备用金必须补足定额,通过支票提取现金 77 美元,计入适当账户的借方;支票兑现,兑现金额补足备用金。如果所有其他支付都采用支票,所有收到的现金都存入银行,则在任何情况下现金交易可以通过银行账户反映出来,而且现金余额等于银行存款余额加备用金定额。在此方法下现金账户可以通过银行存款日记账这一独立来源核对。

379. 由现金账户简化的银行账户有时会在分类账中记录,但此账户最详细内容记录在支票簿"存根"。但即使对支票簿存根进行了妥善的保存,它也不能完全替代银行账户。

380. 可以用插页的支票簿代替作废的支票的存根使用,两页之间的支票上包含着作废支票上的账目和存款数额。

这些数额结转是转到下页，而不是如通常在一页最后一行处结转余额，这些余额然后被转录到现金账簿中。

381. 因此现金账户被支票簿记录所替代，程序就会大大简化，因而支票簿记录无论如何也应妥善保存。原先的做法是将支票账簿的内容和办公室现金交易抄写到一本现金账簿，然后编制分录，再从日记账过账到分类账，此分类账包括一个现金账户作为同期的第4版本。

382. 托管账户的受托基金通常应该和个人现金分开保管，适当的方法是受托人为受托基金开立账户并为它们命名。合理保存的支票簿可以作为主要或唯一的账簿和过账媒介。使用这种辅助过账(正文第271段)，他可以节省过入分类账的劳动力或如果他的受托责任仅仅是现金，他还可以省去这项劳动，例如，一个社团的会计，对收入和支出的分类是唯一目的。

383. 由于一些原因，将支票簿作为所有交易的媒介并不总是可行的。如果有几个银行存款账户和几个出纳员，可以将他们的记录综合到"复合式"现金账簿，这种方法相比更为简单。此时可以使用多栏式，分栏可以遵循以下两个原则中的一个：一是将收入和支出按它们与现金的相关内容区分；二是根据交易中的相应账户，借方金额是现金的贷方账户，贷方金额是现金的借方账户。"贷出"现金和"借入"现金的账户。

根据上面的方法，自然每个银行、出纳员、公众都要登记两栏。最后一栏用来记录那些影响现金总余额的交易，而不是那些不影响总金额的内部交易。公众栏和方法二的分录相同。每个交易都应登入两栏或更多。如果是部门间的内部交易，一个部门计收入，另一个部门计支出。如果是真正的收入或支出，从外部获得收入或支出，肯定会影响公众栏和一些部门。

384．各专栏的排列可以如下表所示。

表 56

收入					支出				
出纳A	出纳B	银行C	银行D	公众	公众	银行D	银行C	出纳B	出纳A

或者标题改成以下形式更为合适：

出纳支付		银行支付		来自公众收入	细节	支付给公众	清单	银行存款		出纳收到	
先生A	先生B	Nat1C	Nat1D					Nat1D	Nat1C	先生B	先生A

清单栏是为了计算收到和支付现金总额的方便。

385．分栏的第二种方法关心的不是现金本身的内容，而是什么引起其转手，收入和支出的约当量；为什么，而不是什么地方。这么做的目的是计算那些通常每月以大额过一次账,或遵循以前的方式计算现金账簿每日余额。

386. 在一宗大额交易中,此交易中所有现金交易都可以在登记单和发票上找到原始凭证。前者是现金日记账,每日结转一次现金余额;后者是月现金账簿,每月结转一次现金余额。

387. 现金日记账或月现金账簿,还有简单格式2都将一些既不是收入又不是支出的却是那些交易的伴随物的价值分栏;因此一种特殊过账媒介避免了。我们以现金折扣为例。

388. 现金折扣通常是指债务人在合同规定还款时间之前付款而享受的价格折扣优待。因此在此情况下,大部分收到或支出的实际金额少于合同规定应收到或支出的金额;只有到债务人真正支付时,才能决定是否给予价格优惠,优惠比例多少。对于债务人,结算如下:

$$\left.\begin{array}{l}现金\\折扣\end{array}\right\}/客户$$

折扣是现金分录的伴随物,如果这些分录可以同时记录,则可以不用对详情细目进行重复。在此目的下,需要增加另外两栏,一是总金额,另一是折扣额,第三栏是实际收到的金额。

客户			
总额	折扣	现金	
$2 934.62	$58.69	$2 875.93	

第三栏只是用来结算现金,中间一栏总额月末过账记入折扣账户借方,此金额在结算期应在结算期记入销售收入的贷方,或贸易账户。如果折扣计算正确,第一栏金额应等于第二栏和第三栏金额之和。

389. 至于过入客户账户,也许有人认为,为了记录客户是否及时付款或者放弃折扣,最简单的方法就是不区分现金和折扣,直接过入总金额。但如果没有充分披露日期,折扣率的备查记录应插入此分录中,如下所示。

04.05(－2%)$2 934.62

远远低于

04.05 现金 $2 934.62

390. 登记折扣除了不增加伴随栏的另一种方法是登记收到的总金额和退还的折扣:

| 从客户收到金额 | $2 934.62 |
| 退还折扣金额 | $58.69 |

后者更适合于使用贴现应收账款的交易,但即使在此情况下,第一种方法也更为适合。

391. 在正文第275段中通过介绍了两个相等又相反的金额使现金账簿可以做日记账的工作。支票账簿被用作现金账簿可能会遭到反对,因为它会破坏银行与存款人账户相对应关系。然而将支票存入自己账户时或将其存入自己的贷方而不是作为流出,则借贷方的转变可能会受到影响。例如，A客户不仅购买你的商品，有时还会向你销售某些特殊商品。因为你喜欢自己的债务人和债权人分开，你就有两个关于A的账户，各有各的功能。一个账户它欠你270美元，另一个账户你欠他30美元；他支付你净额240美元，而不是支付你270美元，并等你支付他30美元。为避免现金日记账分录将30美元从一个账户转到另一个账户，你将30美元的支票不是存入他的账户而是自己的账户，因为他已经支付自己所欠金额；这张支票和那张240美元的支票一块存入账户，已达到总额270美元，从而使此客户的账户借贷平衡。

392. 将现金账簿的简化现金账户和银行存款账户登记在一种形式的支票簿上会大大简化，而且支票簿本身也可以简化。支票登记簿已经开始替代它。一页上已不再是3张至多6张支票，而可以有30～50张支票使我们最终放弃了使用作废的支票的存根的想法，而是将那些描述项列在一行上。支票应登记在一本簿记上，而且预先编号，支票登记簿也是如此。原则上应使用支票存根，支票必须已经发行了，但可以灵活一些，首先在支票登记簿上记录，然后根据支票簿填写支票。空白支票不仅仅是为了一个数字顺序，而是作为一个提示。然而与其要合计4～5张支票，不如放弃这个好处。

这个方法大多数用于支付其他银行支票的汇票，称为"汇票登记簿"。此方法方便之处在于在相同页上不用记录银行存款相对账户。如果没有可以使纸页按照固定顺序排列的数据组和空白簿的发明,这种登记簿形式不能适用。

393. 我建议现金交易处理的新方法,或是分类账户的原始方法的重复,需要下列相对现代的设备:空白簿,计算机计数,账户的卡片或活页;过账单,复写纸。

应该存在和支票相同大小尺寸并相同号码的空白支票备忘录,在此备忘录上应登记支票上所有必要的数据使它成为过账单。

备忘录和支票应该在同一簿记上交替,备忘录应在支票之上,因此不会"忘记"做此分录,此方式至少会和支票存根有效。

394. 银行存款账户应在其账户卡片和活页上记录作为分类账的一部分。支票备忘录应过入此账户贷方和其他一些账户的借方。

395. 此方法并非总是适用的,因为有些情况下要求支票簿,但在我看来此方法比较直接和简单。

396. 当大量支票被连续签发,可以使用复写纸,打字机用来将复写纸插入。在支票的一边进行穿孔(替代支票簿)。在它下面会有相似的纸条,中间夹有复写纸。此纸条用于代替支票备忘录,复写纸的摹写,它可以或不可以复印出内容。

表 57 支 票 备 忘 录

支票号:5693　第一国家银行

　　　　　　　　　　　　　　　$500.00　07.15，1997

　支付给：William Jones

支票

支票号：5693

　　　　　　　　　　　　　　　　纽约　　07.15，1997

　　　　　第一国家银行
　　支付给：William Jones
　　五百美元
　　　　　$500.00　　　　　　　　　　　　　John Smith

此方法已经成功用于银行存款账户的薪水支票支取，但此银行账户只用于此唯一目的，而且银行存款账户金额就是支票金额的总和，此金额是将复写条金额加总而得。在此情况下，这些复印条并不会作废而是作为过账单使用，因为没有必要为收款人设立单独的账户；而是将总金额记入工资账户。

397．不管现金账户以何种形式记录，都不应忽略现金账户的核对。库存现金应每天核对一次，因为时间越长越难以追溯错误所在。而银行存款相比现金而言流动性稍微差一些，尽管不要求如库存现金一样每日核对，但还是希望做到每日核对。

398．通过插入和余额结转将现金账户各栏分开是没有必要也是不希望的。页边空白的备忘录表明两个总金额的差别是因为计算的金额不同，在此目的下，这是有效的而且两个总金额本身也有一定效用。

399．支票簿所列示的银行存款账户应与银行存折和每月结账单相一致。这是最有价值的从外部获得的核对资料。因此在怀疑欺骗情况下，即使是日常情况下，会计人员都应抓住存折和支票簿作为审查的最有价值资料。

400．就审计而言，有人已经声称现金余额的审核不是审计人员职责的一部分。从实际角度出发，我表示质疑。从一个实例就可以得出相反的结果。例如，受托一家酒店的信托公司，雇用了不诚实后来挪用公款的一个出纳员和总账记账员。此公司请一家事务所对公司账户进行每月审计，发现实际现金账户金额与他们虚报的金额差别很大。库存现金除了需要的现金包括大额备查账、无价值的支票等。这使库存现金余额过大，但挪用公款，经常透支银行账户，却不签发支票给供应商。现金余额如下：

账面	$10 000
无价值的支票	$40 000
减去银行透支	$30 000
	$10 000

因为审计人员认为核对现金余额不是他们的职责所在,所以他们对此漠不关心。支票簿的余额是供应商分类账的过账根据,他们不能忽略它。他们满足于名义现金余额,而不探究它的组成部分;他们甚至不探究为什么总账记账员不填写月末要求详细记录现金各个组成项目的现金总账。就我而言,那些不探究银行存款账户的审计人员几乎是毫无作用的①。

401. 在银行存款的核对中,企业与银行的银行存款账户几乎不可能相同。原因是企业与银行之间,由于凭证传递上的时间差,一方已登记入账,而另一方尚未入账。那些靠邮寄的银行存款就常常是此原因。企业已经将支票签发,但在同一天却通常不能到账,因此此款"未达"很多天。应编写调节表进行调节,并对此做永久记录,以便下一次调节使用。

402. 首先将企业账户余额下移,作为调节表的基础,支票总额插入企业账户余额之上。接下来是银行存款的核对,包括上期调节的结余、本期金额。如果全部包括,左边总金额正确。然后,这些付讫和退回的支票应该与所附的清单相比较,之后应根据原先支取的顺序的序号重新分类配全。缺少的支票清单将会补足。清单总金额就等于支取和收到支票总额的差额。

调节此账户的两侧后,我们准备记录结果。主要原则是

---

① 我并非故意声明,同时我也不相信这种想法在美国注册会计师中很普遍;但是我强调的是,这是不足审计。也许审计合同中已经将现金确认排除在外了,此种情况下,信托公司应该负责。

在同一时间企业账上的银行存款余额与银行账上的企业存款的余额一致。因此，如果没有差别，两边应相同。如果差别是由于时间差，不是记账差错，无须做账面调整。

403. 假设有 5 份银行存款和 5 张支票，如下：

存款		支票
$633.34	（1）	$200.00
522.19	（2）	400.00
300.00	（3）	199.73
456.97	（4）	108.00
250.00	（5）	329.14
	合计	$1 236.87
	余额	925.63
$2 165.00		$2 165.00
余额 $925.63		

如果所有存款已在银行入账，所有支票都已兑现，2 162.50 美元，1 236.87 美元，925.63 美元则一致，不需做任何调整。但我们假设支票(2)和支票(4)未达。最后一笔存款 250 美元银行也没入账；因此银行余额为 1 183.63 美元，即 1 912.50 美元和 728.87 美元的差额。未达支票金额在账户两侧登记；存款从余额中减去，这样双方余额相等；但是银行存款因为它在下次调节之前到账，所以不做调整。

404. 包括对未达支票的审计只能被看做是临时的，只有当这些支票支付之后重新审查才算结束。

405. 在一种会计方法开始使用时应考虑到最重要的一点是现金处理的方法，现金账户的记录是否记录在分类账、现金账簿或支票簿。

		合计	$1 236.87
		余额	925.63
	$2 162.50		$2 162.50
余额	$925.63		
+未达支票	508.00		
	$1 433.63		
－未达存款	250.00		
余额	$1 183.63	支票(2)	$400.00
未达存款	250.00	支票(4)	108.00

专论 B 商 品 账 户

同一账户的专用和经济价格—都不占主导—商品账户的传统的混合格式—不同观点—两种观点的难点—传统格式示例—如何结账—现代格式示例

406.（正文第 200 段）已经提醒读者注意混合账户；一部分是专用账户，一部分是经济账户。这有时是因为现代会计的不完整性引起的：通常是经济性的账户当计入资产负债表进行调整时，又具有专有账户的一些性质，反之亦然。在关于煤（正文第 174~181 段）和利息（正文第 185~194 段）的例子中已经简单涉及了。

407. 有时一些账户经济性和专用性都很重要和必要，却都不能占主导地位，此时如果可行的话，应创造两个账户，一个代表专用性，一个代表交易的经济性。

408. 混合账户一个很好的例子是商品账户，此账户虽然现在很普遍,但慢慢就会被弃之不用。这里并不是介绍大家使用而是应该理解此账户结构,当在账户审查过程中,它就可以渐渐不被使用。

409. 商品是指为以较高价格出售而以某一成本价购进的物品。售价包括两部分:一是成本,即支付价格;二是商品利润,通过将商品货物运送到客户附近,为他们挑选符合他们质量要求的商品,提供便利的可能被检查的购物环境,并储存足够存货以满足客户所有合理的要求。

410. 如此看来,每一笔销售都应记入两个账户,一是资产账户,商品减少;二是收入账户。

411. 但在零售业中,即使是大规模,将一笔销售分成两个部分,清楚哪一部分是成本,哪一部分是作为服务,风险、费用支付给商人是不可行的。有些人认为它是可行的,就是在销售簿中的一栏记录每款商品的原始成本。但通常情况下,销售价格不会被分开。

412. 因此,商品账户成为一个混合账户。借方以成本价格记录,贷方以销售价格记录。两种价格没有显示任何联系,只是比一种以卢比计价,另一种以马克计价更有关联一些。

因此,一些致力于对此分类的作者认为商品账户只是单纯的费用和收入账户。商品被认为不是财产而只是最终大额收入的赔偿的现金支出的一种形式,因此是利润的一部分。当我们认为库存商品是财产时,忽略了太多价值。而这种方法认为库存商品是收入的赔偿,克服了这个问题。

413. 其他作者认为商品账户是一个专用账户——一项资产。问题是如果我们计算此账户余额,此余额不能反映任何内容,是毫无意义的。因此假定卖出商品可以增加价值影响利润多少,即只要卖出商品,就会增加利润。

414. 但不管商品账户被认为是专用账户、经济账户,还是我主张的混合账户,计算和结果记录都是相同的。举例如下:

1月1日库存商品………… $ 5 643.75

1月份购进　　　　　　　2 644.18

1月份销售　　　　　　　3 219.74

2月份购进　　　　　　　1 845.17

2月份销售　　　　　　　2 454.62

3月份购进　　　　　　　1 929.44

3月份销售　　　　　　　1 728.96

从上述数据构造一个账户:

表 58

1月1日余额	$ 5 643.75		
1月购进	2 644.18	1月销售	$ 3 219.74
2月购进	1 845.17	2月销售	2 454.62
3月购进	1 929.44	3月销售	1 728.96

但从这我们得不出任何结论。借方总金额 12 062.54 美元,贷方总金额 7 403.32 美元。但差额 4 659.22 美元不是一项资产,因为那意味我们以成本价销售;它也不是一项损失,因为那意味没有余额。如果知道利润,可以确定余额;如果知道余额,可以确定利润。

415. 库存余额是关键。假设是 6 894.16 美元,则利润计算如下:

1月1日库存商品	$ 5 643.75
1月份购进	2 644.18
2月份购进	1 845.17
3月份购进	1 929.44
购进总额	6 418.79
总成本	$ 12 062.54
未卖出存货成本	6 894.16
因此已销存货成本	$ 5 168.38

但它们引起:

1月份销售	$ 3 219.74
2月份销售	2 454.62
3月份销售	1 728.96
总收益	7 403.32
利润	$ 2 234.94

416. 现在可以完成此账户。

表 59

商品

1月1日余额	$ 5 643.75		
1月购进	2 644.18	1月销售	$ 3 219.74
2月购进	1 845.17	2月销售	2 454.62
3月购进	1 929.44	3月销售	1 728.96
利润	2 234.94	库存余额	6 894.16
	$ 14 297.48		$ 14 297.48

6 894.16 美元计入资产负债表；2 234.94 美元计入利润和亏损账户。

417. 这是商品账户的传统格式,能够"计算现金账簿余额"。它的缺点是没有对同种商品的两种价格进行对比说明——购进和卖出——因此利润的平均水平需要仔细计算才能获得。

418. 当有商品退回时,不管是我们所退回的商品还是退回给我们的商品,还是很容易混淆,因为两边都包含一部分以成本计价的价值和一部分以销售价格计价的价值。为阐明此问题,将上面的数字稍微更改一下,最后结果还是相同的：

1月1日库存商品	$ 5 643.75
1月份购进	2 760.18
退回	116.00
1月份销售	3 452.74
收到退回	233.00

2月份购进	1 865.17
退回	20.00
2月份销售	2 937.62
收到退回	483.00
3月份购进	1 947.44
退回	18.00
3月份销售	1 903.96
收到退回	175.00
3月31日库存商品	6 894.16

419. 很明显可以看到,要想获得关于这两种价格:购进和销售价格,比较其可理解性信息是很困难的,甚至比表59更困难,为获此信息,此账户需要拆分重组:

表60

商　品

1月1日余额	$ 5 643.75		
1月份购进	2 760.18	1月份退回	$ 116.00
收到退回	233.00	销售	3 452.74
2月份购进	1 865.17	2月份退回	20.00
收到退回	483.00	销售	2 937.62
3月份购进	1 947.44	3月份退回	18.00
收到退回	175.00	销售	1 903.96
3月31日利润	2 234.94	3月31号余额	6 894.16
	$ 15 342.48		$ 15 342.48

420. 一个需要修改的账户开始就应该是不一样的账户。

421. 现代的做法是将商品账户分为三个账户:商品、销

售、购进,或至少前两个账户。上面的交易应该做如下处理:

表 61

商　品

1月1日余额	$ 5 643.75

购　进

1月份购进	$ 2 760.18	1月份退回	$ 116.00
2月份购进	1 865.17	2月份退回	20.00
3月份购进	1 947.44	3月份退回	18.00

销　售

1月份收到退回	$ 233.00	1月份销售	$ 3 452.74
2月份收到退回	483.00	2月份销售	2 937.62
3月份收到退回	175.00	3月份销售	1 903.96

然后将购进账户结账至商品账户:

购　进

1月份购进	$ 2 760.18	1月份退回	$ 116.00
2月份购进	1 865.17	2月份退回	20.00
3月份购进	1 947.44	3月份退回	18.00
			$ 154.00
		净购进	6 418.79
	$ 6 572.79		$ 6 572.79

专论 B　商品账户

商　品

1月1日余额	$ 5 643.75
1月份至3月份购进	6 418.79
	$ 12 062.54

计算销售账户的余额：

销　售

1月份收到退回	$ 233.00	1月份销售	$ 3 452.74
2月份收到退回	483.00	2月份销售	2 937.62
3月份收到退回	175.00	3月份销售	1 903.96
	$ 891.00		
净额	7 403.32		
	$ 8 294.32		$ 8 294.32
		购进净额	$ 7 403.32

422. 销售货物的成本现在可以通过从总额中扣除得到：

商品	$ 12 062.54
库存商品余额	6 894.16
销售货物的成本	$ 5 163.38

423. 只有两个账户期末还有余额就是商品和销售账户。

　　销售／商品　　　　　　$ 5 163.38

　　商品账户是纯粹的资产账户，期末结转至资产负债表；销售账户是纯粹的费用和收入账户，可以说明相同商品的成本和收益，差额计入利润摘要中。

表 62

商　品

1月1日余额	$ 5 643.75	1月份至3月份销售成本	$ 5 168.38
1月份至3月份购进	6 418.79	3月31日余额	6 894.16
	$ 12 062.54		$ 12 062.54

销　售

1月份至3月销售成本		1月份至3月净收入	$ 7 403.32
销售	$ 5 168.38		
利润	2 234.94		
	$ 7 403.32		$ 7 403.32

会计经典丛书已出版著作目录

书 名	作 者
《簿记论》	卢卡·帕乔利
《连环帐谱》	蔡锡勇
《银行簿记学》	谢 霖
《无形资产论》	杨汝梅
《高级商业簿记教科书》	潘序伦
《改良中式簿记概说》	徐永祚
《会计理论》	埃尔登·S·亨德里克森
《公司会计准则绪论》	W·A·佩顿,A·C·利特尔顿
《账户的哲学》	C·E·斯普拉格
《会计中的经济学》	约翰·B·坎宁
《1900年前会计的演进》	A·C·利特尔顿
《1925年前成本会计的演讲》	S·保罗·加纳